조선 시대
초상화에 숨은
비밀 찾기

1 맞춤법과 띄어쓰기는 국립국어원의 《표준국어대사전》을 따랐습니다.
2 도판 설명은 그린 화가, 제작 시기, 재료, 크기(높이×너비), 기타순으로 표기했습니다.

조선 시대
초상화에 숨은 비밀 찾기

최석조 글

책과함께어린이

머리말

조선 시대의 기념 앨범을 펼치며

선생님은 작년에 6학년 담임이었어. 학년을 마칠 때쯤이면 어김없이 졸업 기념 앨범을 만들지.

시끌벅적, 왁자지껄…….

앨범 사진 찍는 날은 정신이 하나도 없어. 예쁜 옷 갈아입으랴, 머리 손질하랴, 멋진 포즈 연습하랴 바쁘거든. 오래오래 두고 봐야 할 기념사진이잖아.

옛날에도 기념사진이 있었을까?

그럼. 사람들은 누구나 제 모습을 남기고 싶어 하거든.

아차! 옛날에는 사진기가 없었구나. 대신 그림을 그렸지. 자신을 꼭 닮은 모습으로 말이야. 이걸 초상화라고 해.

조선 시대를 '초상화의 나라'라고 해. 그만큼 많은 초상화를 그렸어. 국보나 보물로 지정된 작품도 수두룩해. 옛 화가들의 솜씨가 매우 뛰어났거든. 실제 인물과 똑같은 데다 초상화 주인공의 정신과 마음까지도 그려 냈지.

사람 마음을 어떻게 그리느냐고? 정말이야. 이게 우리 초상화의 매력이지.

초상화를 보면 별별 사람이 다 있어.

둥근 얼굴, 넓적한 얼굴, 뾰족한 얼굴······.

남자 얼굴, 여자 얼굴, 안경 쓴 얼굴, 안대 찬 얼굴······.

검은 얼굴, 붉은 얼굴, 하얀 얼굴, 곰보 얼굴······.

마치 오래된 졸업 앨범을 펼치는 느낌이 들걸.

한국 사람의 진짜 얼굴도 찾을 수 있어. 요즘은 성형 수술이 흔하잖아. 잘생긴 연예인도 진짜 얼굴은 드무니까. 옛날에는 성형 수술이 없었어. 원래의 생김새로 평생을 살았지. 바로 우리의 토종 얼굴이야.

과연 옛사람들은 어떻게 생겼을까?

조선 시대의 기념 앨범, 첫 장을 살짝 펼쳐볼게.

최석조

차례

머리말 조선 시대의 기념 앨범을 펼치며　　004
● 초상화, 너는 누구니?　　008

1 비밀의 방 : 꼭꼭 숨어라, 비밀 보일라

◆ 쌍둥이 초상화 ··· 018
◆ 서 있는 남자들 ··· 022
| 더 생각해 보기 | 지우지 않은 마맛자국 ······································· 028

2 벼슬아치의 방 : 물렀거라! 벼슬아치 납신다

◆ 문관일까, 무관일까? ·· 032
◆ 어르신, 기로소에 들다 ·· 044
| 더 생각해 보기 | 조선 시대의 계급장, 흉배와 관대 ····················· 054

3 선비의 방 : 조선의 대표 인물, 선비

◆ 조선 시대 선비들 ··· 058
◆ 고려 시대 선비들 ··· 066
| 더 생각해 보기 | 왜 왼쪽 얼굴을 많이 그렸을까? ······················· 074

4 임금의 방 : 나라님의 얼굴, 어진

- 조선을 세운 임금, 태조 ······················· 078
- 두 얼굴을 남긴 임금, 영조 ····················· 086
- 황제가 된 임금, 고종 ························· 094

| 더 생각해 보기 | 어진화사의 월급은 얼마? ············· 102

5 여인의 방 : 선택받은 여인들

- 의로운 일을 한 여인 ·························· 106
- 가문을 빛낸 여인 ···························· 112

| 더 생각해 보기 | 여인들도 제사를 지냈다고? ·············· 116

6 화가의 방 : 나는 초상화가다

- 최고의 초상화가 이명기 ······················· 120
- 요절한 천재 화가 임희수 ······················ 128
- 마지막 초상화가 채용신 ······················· 136

| 더 생각해 보기 | 화폐 속의 초상화 ····················· 144

7 특별한 방 : 이런 초상화 어때요?

- 스스로 그린 얼굴, 자화상 ······················ 148
- 화려한 패션쇼 ······························· 158
- 우린 너무 튀나요? ··························· 166

도움받은 책　　180
그림으로 찾아보기　　181

초상화, 너는 누구니?

◆ 초상화가 무엇일까

궁금하지 않니?

옛사람들 얼굴 말이야. 한글을 만든 세종 대왕, 집현전 학사 신숙주, 왜군을 무찌른 이순신 장군, 똑똑한 암행어사 박문수……. 대체 어떤 얼굴일까. 옛날에도 사진기가 있었다면 좋았을걸.

방법이 아주 없지는 않아. 사진 대신 그렸던 초상화가 있거든. 옛사람들은 초상화를 즐겨 그렸으니까. 초상화가 뭐냐고?

사람의 얼굴이나 모습을 그린 그림이야. 엄마와 아빠 주민 등록증이나 운전 면허증 본 적 있지? 거기 붙은 증명사진처럼 사람의 모습을 돋보이게 그렸어. 그래. 초상화는 사람이 주인공인 그림이야. 물론 사람을 그렸다고 다 초상화는 아니야. 실제 인물을 그려야 하고 또 그 사람과 닮아야 해.

신숙주와 박문수 알지? 역사책에도 많이 나오지. 실제로 조선 시대에 살았던 사람들이야. 그 모습을 담은 그림이 지금까지 남아 있지.

● 신숙주 초상
그린이 모름, 15세기 중반, 비단에 색칠, 167×109.5㎝, 보물 제613호
의자에 앉은 신숙주의 모습이야. 이렇게 몸 전체를 그린 초상화를 전신상이라고 해. 얼굴은 부드러운 선으로, 옷 주름은 딱딱한 선으로 잘 표현했어. 가슴에 다는 장식인 흉배가 처음으로 나타나는 초상화야.

자세히 봐. 둘 다 사람의 모습만 돋보이게 그렸잖아. 필요 없는 부분은 모두 생략했지. 그림과 똑같이 생겼을까? 틀림없이 그럴 거야. 우리 초상화는 사진처럼 정확하게 그리는 전통이 있었거든.

사실 초상화는 요즘에야 쓰인 말이야. 조선 시대에는 '진', '영', 또는 '상'이라는 말을 주로 썼어. '진영', '영상', '화상', '영정'이라고도 했지. 만약 조선 시대 화가에게 '초상화'를 그려 달라면 고개를 갸우뚱거리겠지.

● **박문수 초상**
그린이 모름, 18세기 중반, 비단에 색칠, 40.2×28.2cm, 보물 제1189-2호
"암행어사 출두야!"를 외치며 탐관오리를 혼내 주던 박문수의 모습이야. 윗부분만 그린 반신상이지. 어질면서도 대담했던 박문수의 성격이 잘 드러난 초상화야.

◆ 초상화는 왜 그렸을까

초상화는 아주 오래전부터 그리기 시작했어. 고구려 고분 벽화에도 보이고 신라 시대에도 있었지. 고려 시대에도 왕과 왕비를 비롯해 많은 초상화를 그렸다는 기록이 있어.

그렇지만 본격적인 초상화는 조선 시대부터 그

● **염제신 초상**
그린이 모름, 조선 후기, 비단에 색칠, 53.7×42.1cm, 보물 제1097호
고려 시대 공민왕이 그렸다고 전해지는 초상화야. 뒷날 조선 시대에 들어와서 새로 그려졌는데, 여전히 고려 시대 초상화 형식을 볼 수 있는 작품이지.

리기 시작했어. 신라는 '금관의 나라', 가야는 '철의 나라'라고 하잖아. 조선은 '초상화의 나라'로 부를 만해. 그만큼 초상화를 많이 그렸거든. 지금 남아 있는 초상화만 해도 수천 점이 넘는대.

왜 이렇게 초상화를 많이 그렸느냐고? 조선은 유교 국가였기 때문이야. 유교에서는 제사가 매우 중요한 행사였잖아. 조상들을 사당에 모셔 놓고 제사를 지낼 때 초상화가 필요했거든. 장례식장에 놓는 영정 사진처럼 말이야. 그래서 초상화를 많이 그리게 된 거야.

나라에 위급한 일이 생겼을 때 나서서 큰 공을 세운 사람도 초상화를 그렸어. 이때는 '공신' 칭호를 내리며 초상화도 함께 그려 주었지. 벼슬아치들도 벼슬이 높아질 때마다 기념 초상화를 그렸어. 조선 시대는 철저한 신분 사회였잖아. 높은 신분을 남들에게 자랑하기에는 초상화만 한 게 없었지. 이래저래 초상화를 많이 그리게 되었어.

11

영정함

조선 시대 문신, 채제공 초상화를 보관하던 함이야. '궤'라고도 하는데 제사를 지낼 때는 초상화를 사당 안에 걸어 놓지만 평소에는 둘둘 말아서 이 속에 넣어 보관하지.

◆ 터럭 한 올도 똑같게

조선 시대에는 초상화를 그리는 두 가지 중요한 원칙이 있었어. 이 원칙은 잘 된 초상화를 평가하는 기준이 되기도 해.

첫째, '일호불사'야. 이 말은 '일호불사 편시타인'의 줄임말이지. 터럭 한 올이라도 다르게 그리면 그 사람이 아니라는 뜻이야.

> "제사를 지낼 때는 초상화를 쓰지 말라. 혹시 초상화를 쓰려면 한 올의 터럭까지도 똑같아야 한다. 터럭 한 올이라도 다르면 그 사람이 아니다."

중국의 유명한 학자 정이가 한 말이야. 원래 일호불사는 초상화를 그리는 원칙이 아니라 제사를 지내는 예법이었어. 제사상에는 죽은 사람의 이름을 적은 나무패인 신주를 올려놓았거든. 이걸 꼭 써야 한다는 걸 강조한 말이었지. 그런데 조선에서는 초상화를 그리는 원칙으로 굳어졌어. 초상화를 쓰지 말라는 말이 오히려 초상화가 발달하는 계기가 된 거야.

조선 시대 초상화가들은 실제 인물과 똑같이 그리려고 무척 애썼어. 터럭 한 올은 물론 사마귀, 점, 곰보 자국, 검버섯까지 있는 그대로 그렸지.

● **초상**
그린이 모름, 조선 후기, 비단에 색칠, 154.1 × 92.4cm
이름을 알 수 없는 사람의 초상화야. 오른쪽 눈 아래 난 사마귀, 왼쪽 눈 위의 작은 점, 콧잔등과 볼에 생긴 곰보 자국까지 죄다 그렸어. 눈매는 또 어찌나 사나운지. 보통 사람이라면 사마귀, 점, 곰보 자국은 숨기고 싶었을 거고, 눈매도 좀 더 부드럽게 고치고 싶었을 거야. 하지만 그대로 다 그렸지. 일호불사 원칙 때문이야.

사람 마음은 다 똑같잖아. 이왕이면 멋있게 그리고 싶은 마음 간절했겠지. 길이길이 남을 초상화거든. 그래야 제사 지내는 후손들이 "우리 조상님 참 잘생겼네." 칭찬할 테니까. 하지만 옛사람들은 안 그랬어. 실제와 똑같지 않으면 그 사람이 아니라고 여겼거든. 만약 보기 흉한 곰보 자국을 없애고 그렸어봐. 도리어 비난받았을 거야. 초상화에는 남을 속이지 않는 옛사람들의 정직한 마음이 들어 있지.

◆ 마음까지 그려라

둘째 원칙은 '전신사조'야. 인물의 정신까지 그려 낸다는 뜻이지. 겉모습만 똑같다고 잘 그린 건 아니야. 그건 영혼이 없는 종이쪽에 불과하니까. 전신사조는 조선 시대 초상화의 핵심 원칙이지.

눈에 보이지도 않는 정신을 어떻게 그리느냐고? 그 사람과 함께 지내면서 충분히 관찰하는 거야. 그러다 보면 마음을 읽어 낼 수 있어. 화가가 형제나 친구라면 더 좋겠지. 하지만 낯선 화가도 모델을 보는 순간 바로 정신을 읽어 내는 수가 있어. 눈, 코, 입, 이마, 뺨 혹은 얼굴 전체 중 어느 한 곳에 그 사람의 정신이 들었거든. 특히 눈이 가장 중요해. 화가들은 눈을 표현하는 데 심혈을 기울였지.

● 김시습 초상
그린이 모름, 조선 중기, 비단에 색칠, 72×48.5cm, 보물 제1497호
김시습은 수양 대군이 어린 조카 단종을 몰아내고 왕이 되자, 읽던 책을 불태우고 평생 떠돌아다니며 지냈지. 두 눈썹 사이를 잔뜩 찌푸린 채 앞을 쳐다보는 눈에는 울분과 근심이 함께 담겨 있어.

아무리 애써도 정신을 담아내지 못하는 경우도 있어. 변상벽은 매우 솜씨 좋은 화가였지. 고양이 그림을 어찌나 잘 그렸는지 별명조차 '변고양이'였거든. 그런데 1763년 김원행의 초상화를 그리면서 무려 일곱 번이나 고치게 돼. 얼굴에서 풍겨 나오는 정신을 그릴 수 없었던 거야. 일곱 번을 고쳐도 안 되자 변상벽은 결국 포기하고 말았어. 정신을 그리기가 이렇게 어려웠지.

'일호불사'와 '전신사조'는 진짜 사람 같은 초상화를 그리려고 한 옛사람

들의 노력을 말해 줘. 두 가지 원칙을 잘 알고 보면 한결 가슴에 와 닿을 거야. 초상화를 볼 때는 귀도 활짝 열어야 돼. 초상화가 하는 말도 잘 들어줘야 하거든. 말하지 못하는 그림 속에 많은 이야기가 담겨 있으니까.

  이제 초상화를 전시해 놓은 방으로 들어가 볼게.

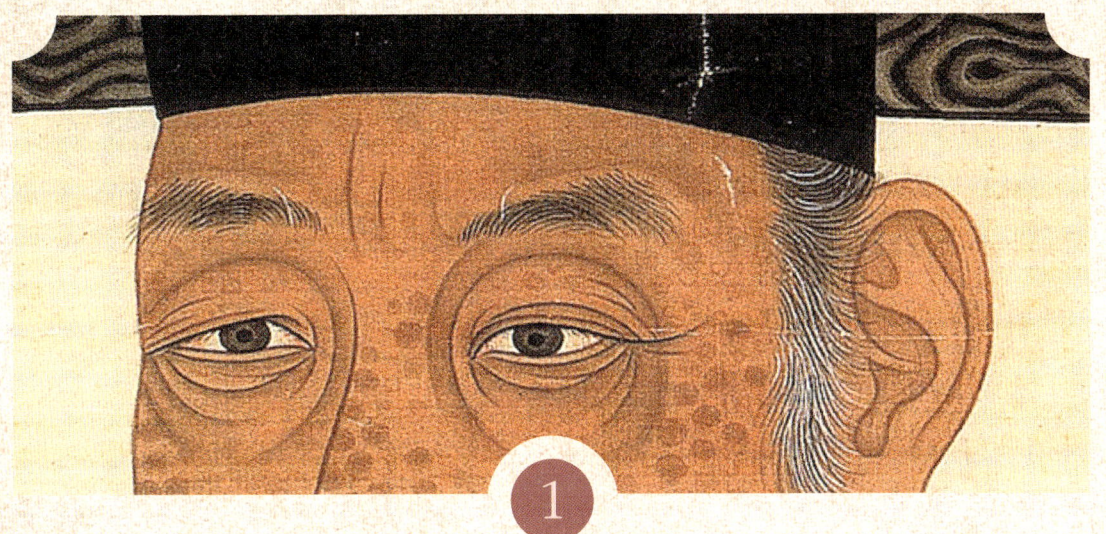

◆ 비밀의 방 ◆

꼭꼭 숨어라, 비밀 보일라

초상화가 밍밍하다고 무시하지 마. 초상화마다 깊은 사연이 담겨 있어. 비밀이 가득한 그림이지. 그러니 깨알 같은 점 하나, 솜털 한 올, 글씨 한 자도 결코 놓쳐선 안 돼. 초상화 속에 얽힌 비밀을 풀고, 한 사람의 삶을 추적해 볼 수 있는 열쇠가 되거든. 자, 그럼 첫 번째 비밀의 방문을 열어 볼까?

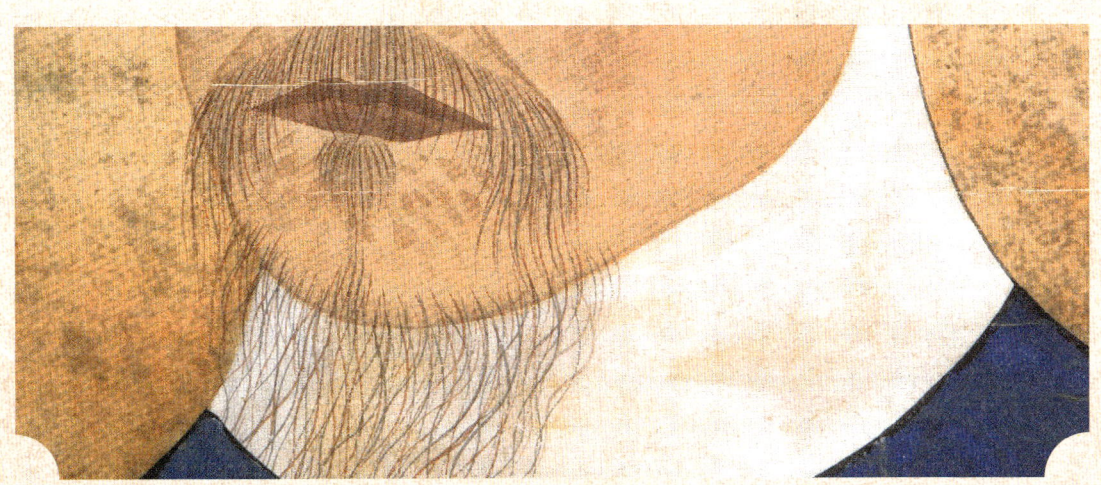

쌍둥이 초상화

◆ 할아버지와 손자

 똑같이 생긴 두 사람의 초상화를 볼 거야.
 쌍둥이냐고? 비슷하긴 해도 몇 가지 다른 점이 있어. 한 사람은 말총으로 산봉우리처럼 뾰족하게 만든 정자관을 썼고, 다른 사람은 검은 헝겊으로 둥그스름하게 만든 복건을 썼거든. 정자관을 쓴 선비는 앞을 바라보는 정면상, 복건을 쓴 선비는 옆으로 살짝 튼 측면상이야.
 정자관을 쓴 초상화에는 많은 글이 적혔어. 오른쪽 위에 적힌 글 중 한 부분을 읽어 볼게.

> 정자관을 쓰고 심의를 입은 채 꼿꼿하게 앉은 저 사람은 누구인가?
> 짙은 눈썹에 하얀 수염, 귀는 높고 눈빛은 빛난다.
> 당신이 정말 이채라는 사람인가?

● **이채 초상**
그린이 모름, 1802년, 비단에 색칠, 99.2×58cm, 보물 제1483호
이채는 조선 제21대 임금 영조 때의 선비야. 정자관을 쓴 채 꼿꼿한 자세로 정면을 바라보는 모습을 입체적으로 잘 표현했지. 보는 사람들이 숙연한 마음이 들 정도로 기품 있는 모습이야.

그래. 초상화 주인공의 이름은 이채라고 해. 호조참판 벼슬을 지냈던 사람이지. 명필이던 이한진이 쓴 글 덕분에 초상화의 주인공이 누군지 알 수 있어.

그런데 복건을 쓴 초상화에는 아무런 글도 없어. 이채보다 10년 쯤 늙어 뵈는 사람만 있을 뿐이야. 이채와 생김새가 너무 비슷하지? 이채의 할아버지 이재래.

아하! 두 사람은 할아버지와 손자 사이였군. 그래서 쌍둥이처럼 닮아 보였어.

여기서 떠오르는 의문 하나. 과연 두 사람은 할아버지와 손자가 맞을까?

● **전 이재 초상**
그린이 모름, 18세기 후반, 비단에 색칠, 97.9×56.4cm
조선 제 19대 임금 숙종 때의 학자인 이재의 초상화로 알려졌어. 선비의 평상복인 심의를 입고 머리에는 복건을 썼지. 단정한 자세와 형형한 눈빛은 조선 선비의 참모습을 유감없이 보여 줘.

◆ 두 사람은 한 사람

두 사람은 할아버지와 손자가 아닐지도 몰라.

무엇보다 얼굴 모양이 똑같거든. 아래쪽이 갸름한 달걀형이잖아. 생김새도 비교해 봐. 치켜 올라간 채 위쪽이 더 넓은 눈썹하며 도톰한 아랫입술, 미끈한 코, 긴 귀도 똑같아. 심지어 비스듬하게 내려간 어깨선마저도 말이야.

더 놀라운 비밀이 있어. 얼굴을 잘 살펴봐. 두 초상화 모두 왼쪽 눈 4시 방향

이채와 전 이재 초상 얼굴 부분

아래쪽에 살짝 불거져 나온 부분이 있어. 나이가 들면 생기는 주름인데 피하지방이 부은 거래. 어째서 둘 다 똑같은 곳에 생겼을까?

이마 주름도 봐봐. 이마 주름은 지문처럼 사람마다 서로 다르다고 해. 그런데도 두 사람은 똑같아. 왼쪽 눈썹 끝부분에 검버섯조차도 말이야. 〈전 이재 초상〉이 더 짙지? 검버섯은 나이가 들면 더 진해지거든.

그리고 왼쪽 귓불 앞에 콩알만 한 점도 찍혀 있어. 〈이채 초상〉은 정면상이라 살짝 보이지만 〈전 이재 초상〉은 측면상이라 뚜렷하게 보이지. 피하지방, 이마 주름, 검버섯, 점까지 똑같아. 무얼 뜻하는 걸까?

빙고! 두 사람은 같은 사람이라는 뜻이야. 〈전 이재 초상〉의 주인공은 이재가 아니라 10년 뒤 이채의 모습이라는 거야. 초상화 주인공이나 화가가 확실하지 않으면 이름 앞에 '전(傳)' 자를 붙여. 그래서 지금까지는 〈전 이재 초상〉이라고 했는데 앞으로는 〈이채 초상〉으로 불러도 되겠지.

이제껏 알려진 사실을 확 뒤집는 놀라운 반전! 어떻게 가능했을까?

이유는 간단해. 매우 사실적으로 그렸기 때문이야. 요즘의 디지털카메라 못지않게 정확해. 자칫 놓치기 쉬운 작은 주름, 점 하나 빠뜨리지 않고 그렸으니까. 우리 초상화의 매력이야. 이런 사실성이 두 초상화에 얽힌 비밀을 푸는 열쇠가 되었어.

서 있는 남자들

◆ 화가가 두 명이다

 도포를 입고 동파관을 쓴 채 꼿꼿하게 서 있는 한 선비. 두 손을 앞으로 모은 공수 자세에 버선발로 섰어. 공손하면서도 기품이 넘치는 모습이야.
 이렇게 버선발로 서 있는 모습의 초상화는 매우 드물지. 이 초상화에는 색다른 비밀도 들었어. 해답은 주인공인 서직수가 그림 속에 직접 써 놓았지.

> 이명기 화면, 김홍도 화체

 무슨 뜻이냐고? 얼굴은 이명기가, 몸은 김홍도가 그렸다는 뜻이야.
 어, 한 작품을 두 명의 화가가 그렸다고? 맞아. 두 사람이 협동해서 그린 합작 초상화야. 임금의 초상화는 여러 명이 함께 그리기도 했지만 일반 초상화

● **서직수 초상**
이명기와 김홍도, 1796년, 비단에 색칠, 148×72.4cm, 보물 제1487호
서직수가 62세 되던 해의 모습이야. 허리에 반듯하게 맨 검정 띠가 주인공의 깐깐한 성품을 말해 주고 있어. 아래위로 하얀색 버선과 검은색 동파관이 절묘한 대비를 이루었지. 동파관은 중국의 시인이었던 소동파가 즐겨 쓴 모자라고 해서 붙여진 이름이야. 그림 속 글에서 몇 글자는 잘못 썼는지 셋째와 넷째 줄에는 먹물로 시커멓게 칠한 후 고쳐 쓴 흔적이 보여.

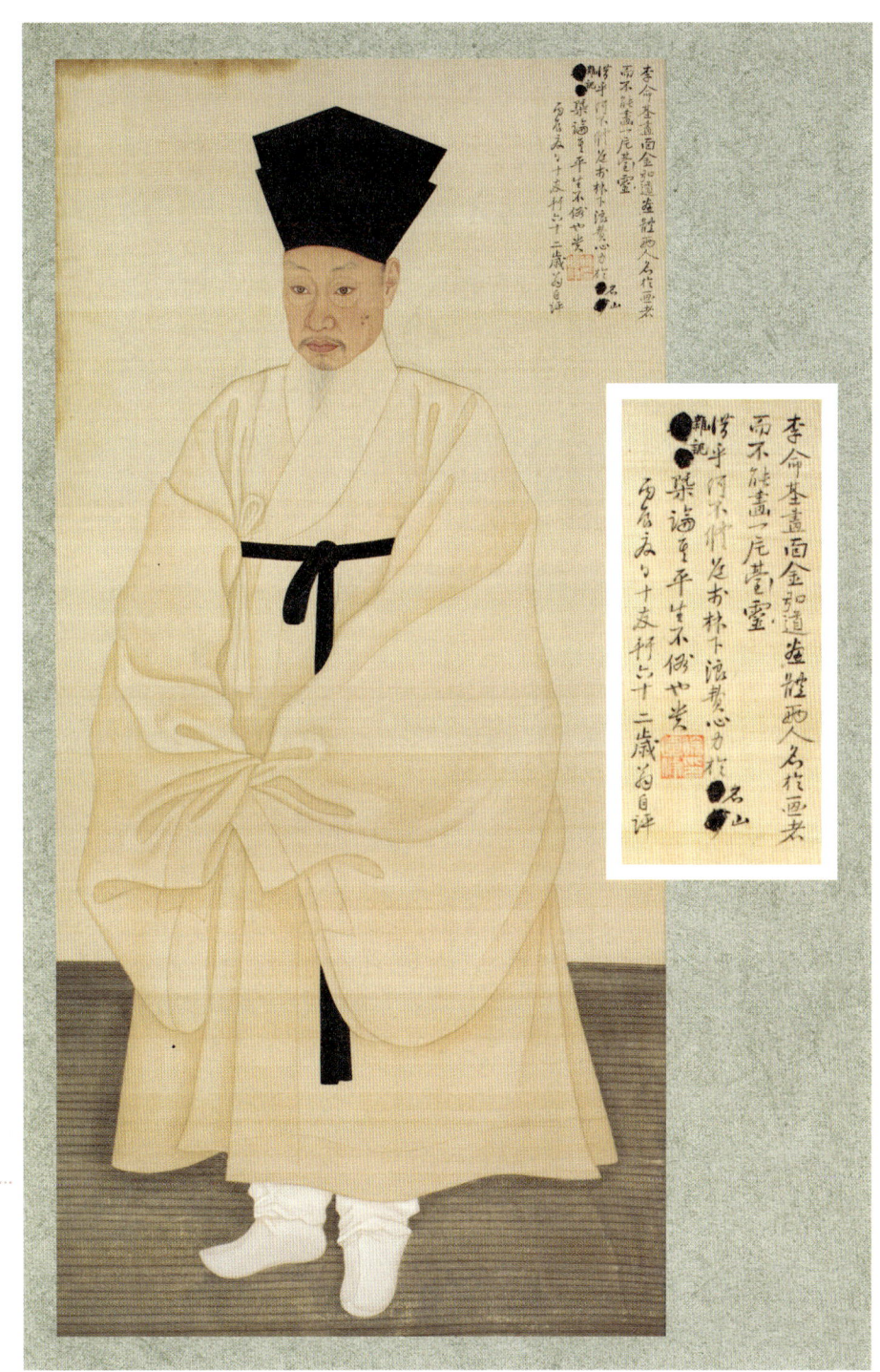

에서는 매우 드문 경우야. 서직수가 많이 존경을 받는 사람이었기에 솜씨 좋은 화가가 두 명이나 나섰지.

이명기와 김홍도는 1791년 정조 임금의 초상화를 그릴 때도 함께 작업했어. 역시 이명기가 얼굴을, 김홍도가 몸체를 그렸지. 아쉽게도 이게 남아 있질 않아. 두 화가의 합작 솜씨가 궁금했는데 여기서 확인하게 되네. 서직수도 두 화가가 임금의 초상화를 그렸다는 사실을 알기에 큰마음 먹고 맡긴 거야. 이명기와 김홍도는 둘 다 도화서 화원으로 나라 안에서 최고의 솜씨를 자랑하던 화가들이었거든.

두 화가는 각자 자신 있는 분야를 맡아 솜씨를 발휘했어. 얼굴은 코의 입체감이 두드러지고 검버섯과 점까지 자세하게 그렸어. 몸에 걸친 옷은 주름 부분에 옅은 음영을 넣어 자연스럽게 보이도록 했지. 모두 전문가의 솜씨가 물씬 풍겨. 그런데 정작 서직수 자신은 불만이었나 봐. 또 이렇게 적었거든.

> 이름 높은 두 화가지만 한 조각의 정신도 그리지 못했다. 안타깝다.

겉모습은 똑같은지 몰라도 자신의 정신세계는 그리지 못했다는 거지. 우리 초상화의 두 번째 원칙인 전신사조가 이렇듯 힘든 일이야.

◆ 이탈리아로 팔려 간 조선인

조선 사람을 붙잡아 목줄을 맨 원숭이처럼 끌고 가거나 짐을 나르게 했다. 불쌍해서 볼 수가 없다.

임진왜란 때 참전했던 일본인 승려 케이넨이 쓴 《조선일기》의 한 부분이야. 갑자기 웬 뚱딴지같은 말이냐고? 이번에 볼 초상화와 관련이 있거든.

400년 전에 그린 조선인의 초상화야. 아까 본 서직수의 모습과 비슷하지? 모자도, 옷도, 소매 속에 손을 넣고 서 있는 자세까지도. 하지만 큰 차이점이

● **한국인 초상**
네덜란드, 페테르 파울 루벤스, 1617~1618년, 종이에 초크, 38.4×23.5cm
이 초상화의 주인공은 누구일까? 조선 사람이 쓰던 모자와 옷을 입었어. 임진왜란 때 일본으로 끌려간 소년이라고 하지. 또 네덜란드 상인이 고용한 조선 벼슬아치였다는 소문도 있어. 누구인지 정확하게 알려지지 않아 그냥 〈한국인 초상〉이라 불러.

있어. 우리 초상화에서는 쓰지 않는 까만 초크로 그렸거든. 옷에는 짙고 옅은 명암도 두드러졌어. 모두 서양화에서나 볼 수 있는 특징이야.

이 초상화는 우리나라 화가가 그린 게 아니야. 서양화가 페테르 파울 루벤스의 작품이지. 서양 화가가 그린 최초의 조선인이기도 하고 말이야. 왜 낯선 서양 화가가 조선 사람을 그리게 되었을까?

여기엔 먼저 케이넨의 기록과 관련된 주장이 있어.

초상화의 주인공은 '안토니오 코레아'라는 조선 사람이라는 거야. 임진왜란 때 왜군에게 붙잡혀 일본 나가사키에 노예로 팔려 간 소년인데, 이때 노예로 팔려 간 조선 사람이 10만 명이 넘었대. 케이넨의 기록처럼 소년도 비참한 모습으로 끌려갔겠지.

그런데 일본에 와 있던 이탈리아 무역상 프란체스코 카를레티가 소년을 눈여겨보았어. 매우 똑똑한 게 마음에 들었거든. 1606년, 프란체스코 카를레티는 소년을 이탈리아로 데려가서 '코레아'라는 성과 '안토니오'라는 이름을 지어 주었지. 안토니오 코레아는 거기서도 무역 일을 하던 참에 마침 그곳에 온 화가 루벤스의 눈에 띄게 되어 초상화를 그리게 되었다고 해.

초상화의 주인공이 이탈리아로 팔려 간 소년이 아니라 조선의 벼슬아치였다는 주장도 있어. 네덜란드 동인도회사 일본 무역관장인 자크 스펙스가 조선과 무역을 하기 위해 이 사람을 고용한 거래. 조선인 벼슬아치는 동인도회사의 선원으로 일하면서 네덜란드를 오가다

그림 왼쪽 아래 그려진 배

가 루벤스의 눈에 띄어 초상화를 그리게 되었다는군. 어느 주장이 맞는지는 정확히 몰라. 그렇지만 400년 전에 유럽으로 건너간 조선 사람이라는 사실은 분명하지. 조선과 외국의 교류를 보여 주는 비밀이 담긴 초상화야.

  화가는 이 사람의 출신을 암시라도 해 주듯 타고 온 배까지 그려 주는 친절을 베풀었어. 정말 이 조선인은 저 배를 타고 머나먼 이탈리아나 네덜란드로 갔을까?

더 생각해 보기

지우지 않은 마맛자국

조선 시대 초상화의 생명은 뛰어난 사실성이잖아. 점 하나, 털 한 올은 물론 사소한 흉터까지 결코 빠뜨리는 법이 없었지. 덕분에 옛 초상화를 보면 병을 앓았던 흔적까지 쉽게 알 수 있어. 그 가운데 가장 흔한 게 곰보 자국이야.

곰보 자국은 마맛자국이라고도 해. '천연두(마마)'라는 전염병을 앓고 난 흔적이지. 천연두는 의학의 발달로 요즘에는 사라졌지만 옛날에는 호랑이보다 더 무서웠어. 천연두가 휩쓸고 간 마을에는 살아남은 사람이 드물었거든. 운이 좋아 살아남아도 얼굴에는 보기 흉한 곰보 자국이 남게 돼. 그런데 이런

● 전 구인후 초상의 얼굴 부분
그린이 모름, 17세기 초반, 비단에 색칠, 180×96.8cm
병자호란 때 활약했던 구인후 장군으로 추정되는 초상화야. 얼굴에 무수히 난 점은 곰보 자국인데, 옛날에는 천연두로 인해 이런 흉터가 있는 사람들이 많았어.

흉터도 옛 화가들은 빠뜨리지 않고 그렸어. 조금이라도 다르면 그 사람이 아니었으니까.

다음 그림 얼굴을 자세히 봐. 색깔이 유난히 검지? 화가가 잘못 칠한 게 아니야. 원래 얼굴색이 이렇게 검어. 이런 사람은 간이 안 좋은 거래. 초상화의 주인공, 오명항은 56세에 화병을 얻어 세상을 떠났어. 화병과 간질환은 서로

● **오명항 초상의 얼굴 부분**
그린이 모름, 1728년, 비단에 색칠, 173.5×103.4cm, 보물 제1177호
오명항은 영조 임금 때 이인좌가 일으킨 반란을 진압하고 공신이 된 사람이야. 유달리 성품이 강직했다는데 검은 얼굴이 더욱 그렇게 보이게 해.

깊은 관련이 있거든. 오명항은 간암을 앓았다는 걸 짐작할 수 있지.

병은 아니지만 상처의 흔적을 그린 경우도 있어.

아래 초상화는 보자마자 눈길을 확 끄는 곳이 있어. 그래. 왼쪽 눈이야. 검은 안대로 눈을 가렸잖아. 무슨 사연일까?

장만은 전쟁에서 군대를 통솔하는 능력이 매우 뛰어난 사람이었어. 인조 임금 때 무신이었던 이괄이 반란을 일으키자 장만이 군사를 이끌어 큰 활약을 하며 난을 진압했지. 그런데 너무 무리했나 봐. 그만 한쪽 눈을 실명해 버렸어. 어쩔 수 없이 안대를 차는 수밖에. 사실 초상화로 남기기엔 보기 흉한 모습이잖아. 그러니 초상화를 그릴 때 슬쩍 성한 눈으로 고칠 수도 있는데 결코 숨기지 않았어. 터럭 하나라도 다르면 그 사람이 아니니까. 우리 초상화의 엄격한 사실성을 가장 확실히 보여 주는 초상화야.

● **장만 초상의 얼굴 부분**
그린이 모름, 그린 시기 모름, 비단에 색칠, 240×113cm
장만은 임진왜란과 병자호란 등 큰 전쟁을 모두 겪었어. 군사를 담당하는 으뜸 벼슬인 도원수, 병조판서를 지냈지.

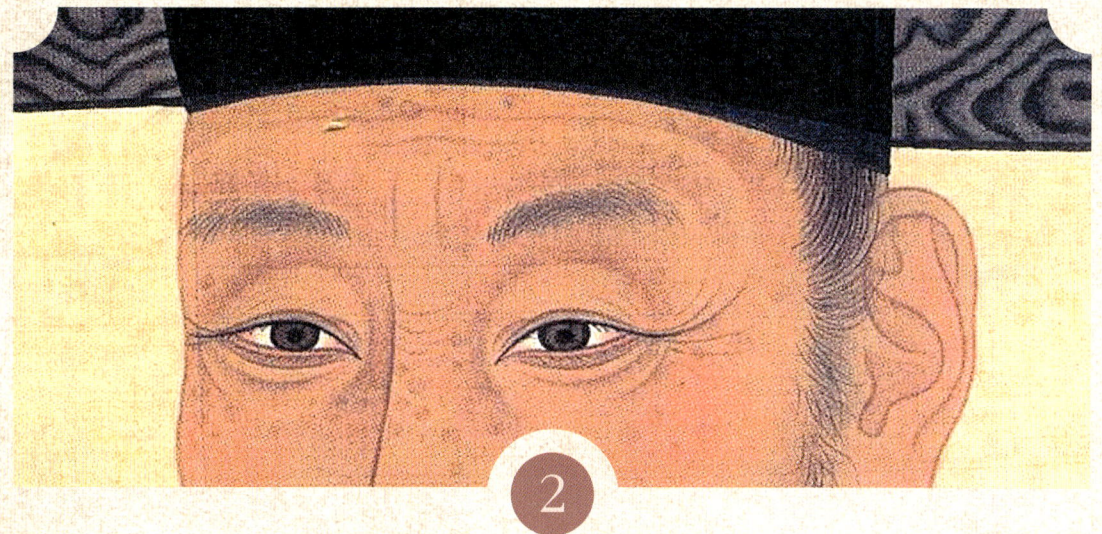

· 벼슬아치의 방 ·

물렀거라! 벼슬아치 납신다

조선 시대에 벼슬아치가 되는 일은 무척 힘들었어. 벼슬자리는 적은데 원하는 사람은 많았거든. 그러니 높은 벼슬에 오르는 일은 개인의 자랑이요, 가문의 영광이었지. 덕분에 정장관복 차림은 가장 흔한 초상화가 되었어. 벼슬아치들의 옷차림이 바로 정장관복이었거든. 초상화를 보면 그 사람이 어떤 벼슬을 했는지도 금방 알 수 있어. 무얼 보고 구별했을까?

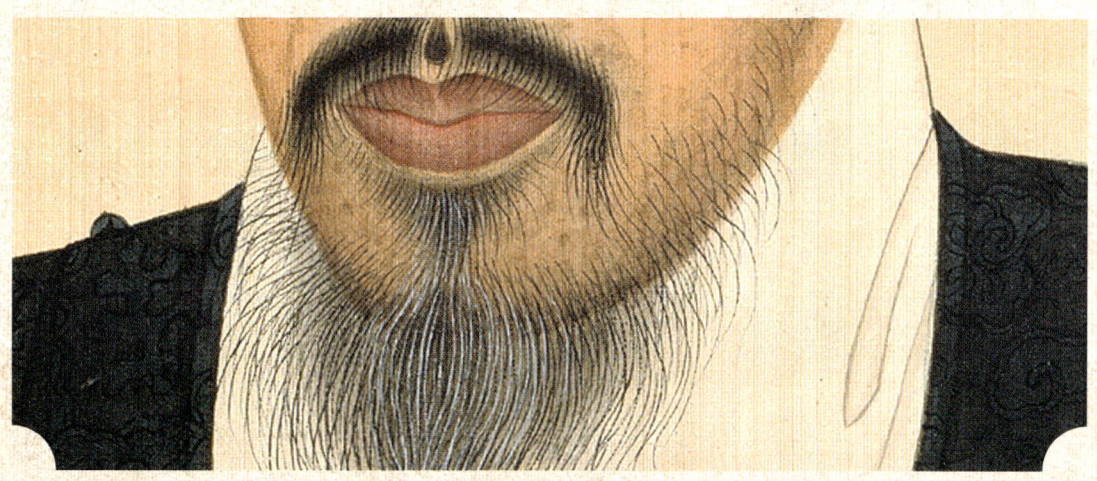

문관일까, 무관일까?

◆ **정장관복을 입은 벼슬아치**

조선 시대 초상화 중에서 가장 흔한 옷차림은 무엇일까?

요즘과 비교하면 쉽겠지. 이력서나 여권에 쓰는 중요한 사진을 떠올려 봐. 남자들은 대부분 흰 와이셔츠에 넥타이를 한 정장 차림이잖아. 옛날도 다르지 않았어. 초상화를 그릴 때는 역시 정장 차림을 했지. 그게 바로 정장관복이야.

● **이서구 초상**
그린이 모름, 19세기 초, 비단에 색칠, 85.3×55.2cm

몸의 윗부분만 그린 반신상이야. 하반신을 생략한 덕분에 길쭉한 얼굴 모양이 뚜렷하게 드러났지. 가슴에 있는 화려한 문양의 두 마리 학 장식도 눈길을 끌어. 이서구가 높은 벼슬아치였다는 사실을 알려 주는 장식이야.

정장관복은 검은색 '사모'를 쓰고 깃이 둥근 녹색 '단령'을 입는 게 기본 차림새야. 여기에 허리에는 '관대'라는 띠를 두르고 신발은 '흑피화'라는 검은 가죽신을 신지. 벼슬아치들은 일할 때도 이런 차림이야. 텔레비전 사극에서도 많이 보았을걸. 궁궐에 드나드는 벼슬아치들 대부분이 이런 옷을 입었잖아. 나랏일을 한다는 표시로 예의를 갖춘 거지.

정장관복을 입은 초상화는 반신상과 전신상이 있어. 반신상은 몸의 윗부분만 그려. 조선 전기에는 거의 없다가 후기에 들어와서 많이 생겼어. 초상화는 얼굴 모습이 가장 중요하잖아. 반신상은 얼굴 모습을 더욱 강조할 수 있거든. 물론 그리는 비용도 적게 들지.

● **삽금대**
허리에는 정2품 벼슬을 나타내는 삽금대를 둘렀어. 삽금대는 금색 띠돈을 붙인 관대야. 요즘 허리띠의 버클처럼 장식도 되고, 고리를 거는 역할도 하지. 이 삽금대로 이서구가 정2품 호조 판서를 할 때 그린 초상화라는 사실을 알 수 있어.

이 초상화 주인공은 이서구야. 옷차림을 보아하니 벼슬이 높았던 사람이야. 어떻게 아느냐고? 가슴에 두 마리 학을 수놓은 장식이 있잖아. 조선 시대 왕족이나 벼슬아치들이 입는 관복의 가슴과 등에 장식이 붙어 있는데, 이런 걸 '흉배'라고 해. 흉배 장식 중 '쌍학'은 정3품 이상의 높은 관리들만 달 수 있거든. 실제로 이서구는 정2품 벼슬인 호조 판서를 거쳐, 정1품인 우의정까지 지냈어. 조선 시대 최고 행정 기관의 벼슬 중 하나였지.

◆ 표범 가죽에 숨은 뜻

 이번에는 몸 전체를 그린 전신상을 볼게. 반신상이 간략하게 그린 약식이라면 전신상은 공들여 그린 정식 초상화야. 머리에서 발끝까지 사람의 온전한 모습을 그렸지. 전신상에는 선 모습과 앉은 모습이 있어. 조선 시대 초상화는 대부분 앉은 모습이야. 훨씬 권위 있고 엄숙해 뵈거든.

● **윤급 초상**
그린이 모름, 1762년, 비단에 색칠, 151.5×82.8cm, 보물 제1496호
역시 쌍학흉배를 달았어. 그런데 허리에 두른 관대가 좀 달라. 무소뿔로 만든 서대야. 1품 벼슬을 나타내지. 이 초상화는 윤급이 의금부의 으뜸 벼슬인 종1품 판의금부사를 지낼 때 그렸거든.

 윤급의 초상도 앉은 모습이야. 의자 등받이에 괴상한 물건이 살짝 깔렸지? 표범 가죽이야. 호랑이 가죽을 깔기도 하는데, 표범이나 호랑이 가죽은 귀하디귀한 물건이야. 아무나 함부로 쓸 수가 없어. 높은 벼슬아치의 위엄을 보여 주는 장식품이지. 여기에는 깊은 뜻이 숨었어. 표범이나 호랑이는 무서운 동물이잖아. 이런 동물이 나쁜 병이나 귀신들로부터 자신들을 지켜 준다고 믿었어. 그래서 새해 아침에는 한 해 동안 나쁜 기운이 들지 않도록 집안에 호랑이 그림을 붙여 놓는 풍습도 있었지.

 벼슬자리도 마찬가지야. 힘들게 얻은 자리인 만큼 잃고 싶지 않잖아. 자신의 벼슬을 빼앗기지 않게 꼭 지켜 달라는 뜻에서 표범이나 호랑이 가죽을 깔아 놓은 거야. 옛날 사람들의 벼슬에 대한 애착을 상징적으로 보여 주는 물건이지.

● 닭

장승업, 19세기, 종이에 옅은 색칠, 145×35cm

표범 가죽이 벼슬자리를 지켜 달라는 뜻에서 그렸다면 닭은 벼슬자리를 얻게 해 달라고 그린 그림이야. 닭은 맨드라미꽃과 함께 그리는 경우가 많아. 수탉의 볏과 맨드라미꽃 모두 벼슬을 상징하거든. 거듭 높은 벼슬을 얻으라는 뜻으로 그렸지.

◆ 벼슬아치들의 표본

눈가에 쪼글쪼글한 잔주름, 얼굴에는 얼룩덜룩한 반점, 다음 초상화는 좀 못난 얼굴이지? 그렇지만 겉모습으로 사람을 판단하면 안 돼. 《조선왕조실록》에 남구만은 작고 못생겼지만 정기는 쇠나 바위를 뚫을 만하다고 나와 있거든. 그림 속에도 이렇게 적혔어.

세 임금(효종, 현종, 숙종)에 걸쳐 정승이 되었으며, 높은 지식과 넓은 아량으로 세상을 구제하였다. 청렴과 정직은 관리들의 표상이었고 믿음과 자애는 백성에게 희망이었다.

● **남구만 초상**
그린이 모름, 18세기 초, 비단에 색칠,
163.4×88.5cm, 보물 제1484호
표범 가죽이 처음으로 등장하는 초상화야. 양발 사이에 깔린 표범의 머리가 무척 재미있지? 역시 쌍학흉배를 달고 허리에는 서대를 둘렀어. 남구만은 정1품 영의정 벼슬까지 지냈거든.

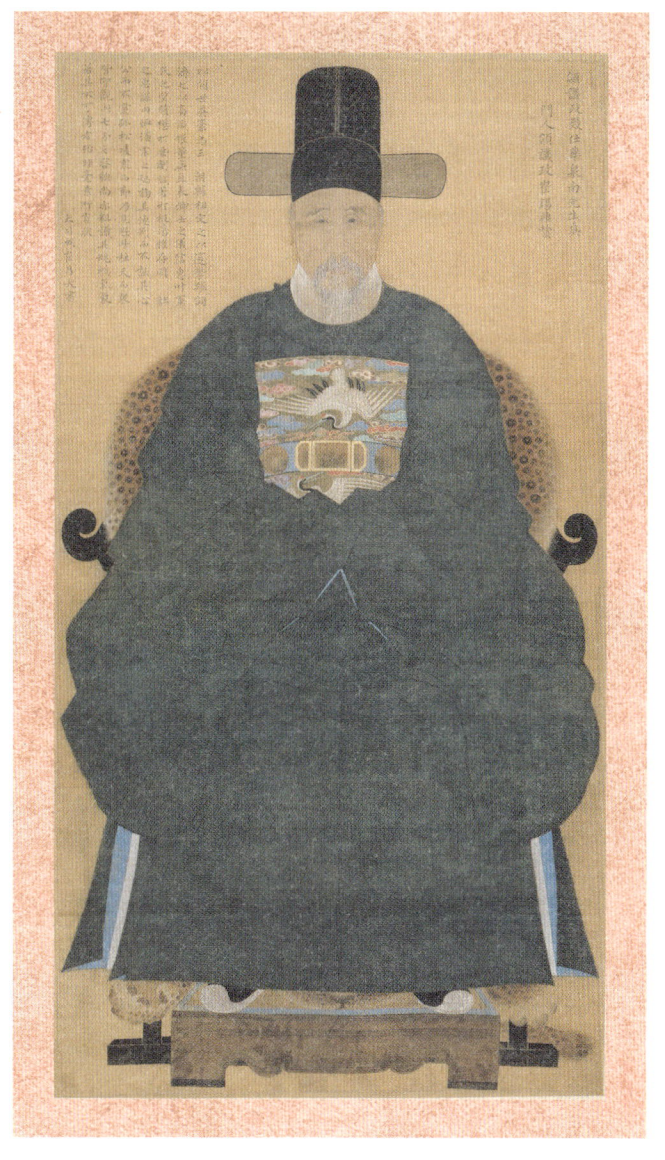

남구만은 겉보기와는 달리 조선 시대 가장 높은 벼슬인 영의정까지 오른 사람이야. 게다가 청렴과 정직까지 품성도 두루 갖추었어. 모두가 본받아야 할 모범 벼슬아치인 셈이지. 이런 사람의 초상화는 다시 한 번 돌아보게 돼.

이 초상화는 〈윤급 초상〉보다 5, 60년 정도 앞선 18세기 초에 그렸어. 이제껏 보던 초상화와는 달리 앞을 바라보는 정면상이지? 정면상은 원래 임금 초상화에만 쓰였어. 상대방을 제압하는 위엄이 느껴지는 구도거든. 그런데 중국에서는 일반 초상화도 정면상을 많이 그렸어. 중국에 다녀오는 사신들이 늘어나자 비로소 조선에서도 정면상을 그리기 시작했지. 중국 문화가 조선에 영향을 끼친 거야. 남구만의 초상화가 그 맨 처음 작품인 거고.

그렇지만 정면상은 그리기도 어려울뿐더러 조선 사람들이 좋아하지 않아 크게 유행하지는 않았지. 제사를 지낼 때 정면상을 걸어 놓으면 똑바로 쳐다보기 민망했거든.

앞에서 본 초상화들처럼 윤급과 남구만의 초상화도 두 손을 소매 속에 감췄어. 앉으면 반드시 단정하게 공수해야 한다는 예법이 있었거든. 동시에 자신의 겸손함을 남들에게 보여 주고픈 마음 때문이야. 또 한 가지, 옛사람들은 자신의 몸을 남에게 함부로 보여 주길 꺼렸어. 그래서 이렇게 손이 안 보이게 그렸지. 조선 시대 초상화가 대부분 이래. 조선 후기에서야 손이 드러나는 초상화가 나오게 돼. 손을 소매 속에 감춰 그리다 보니 정작 화가들은 손을 그릴 기회가 별로 없었어. 그래서 그림 속에 가끔 등장하는 손의 모습이 매우 어색해. 심지어 틀리게 그린 경우도 있었지.

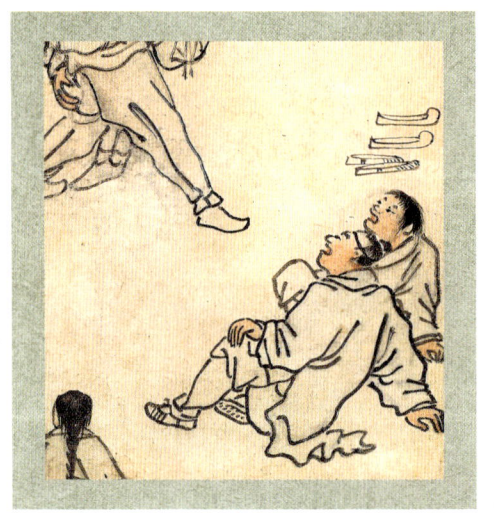

● **씨름의 부분**
김홍도가 그린 〈씨름〉의 일부야. 오른쪽 아래 입을 벌리고 뒤로 넘어진 사람의 손을 잘 봐. 양손을 서로 바꾸어 그렸지? 옛 화가들은 손을 그릴 기회가 자주 없으니 실수한 거야.

이서구, 윤급, 남구만의 초상화는 모두 쌍학흉배를 달았어. 정3품 이상의 높은 벼슬아치가 이리 흔했냐고? 아니야. 이 정도 벼슬은 되어야 초상화를 그릴 자격이 된 거지. 그러니 쌍학흉배를 단 초상화가 많이 보이는 거야.

조선은 철저한 신분 사회였어. 자신의 신분을 가장 효과적으로 알려 주는 옷차림이 바로 정장관복이었지. 벼슬의 높낮이까지 흉배와 관대를 통해 적나라하게 드러나니까. 그래서 정장관복을 입은 초상화가 흔한 거야.

◆ 어, 흉배가 다르네

이번 초상화는 눈여겨봐야 해. 아까 본 세 점의 초상화와 비슷하긴 해도 매우 다른 점이 있거든. 먼저 이봉상의 초상화부터 볼게.

역시 오사모를 쓰고 녹색 단령을 입었어. 나랏일을 맡아보던 벼슬아치니까. 얼굴에 마맛자국이 좀 남아 있기는 한데, 특별히 다른 점은 안 보인다

● **이봉상 초상**
그린이 모름, 18세기, 비단에 색칠, 80×50.5cm

이봉상은 이순신 장군의 5대손이야. 이순신 장군과 똑같이 경상·전라·충청도 3도의 수군을 지휘한 삼도수군통제사 벼슬을 지냈지. 지금 이순신 장군의 초상화는 남아 있지 않아. 전쟁 중이었으니 초상화를 그릴 틈이나 있었겠어. 그런데 이 초상화를 보면 이순신 장군의 생김새를 상상할 수 있어. 같은 핏줄이니까. 이순신 장군 역시 이봉상처럼 덩치가 크고 씩씩하게 생기지 않았을까?

고? 어쩐지 체격이 크고 씩씩해 보이지 않니?

또 다른 초상화도 볼게.

● **조경 초상**
그린이 모름, 17세기, 비단에 색칠, 166.5×89.6cm
조경은 임진왜란 때 행주 대첩에서 큰 공을 세웠어. 가슴에 호랑이 한 마리가 수놓인 흉배를 달았어.

조경은 임진왜란 때 권율 장군과 함께 행주산성에서 왜군을 크게 무찔렀어. 덥수룩한 구레나룻 때문에 첫 인상이 무섭지? 17세기에 그린 초상화라 좀 낡기는 했지만 역시 오사모에 단령을 입은 정장관복차림이야. 특별히 다른 점은 없는데…….

잠깐! 가슴흉배를 잘 봐. 학이 아니라 호랑이잖아. 그러고 보니 이봉상의 초상화도 쌍학흉배가 아니었어. '해치'라는 동물이지. '해태'라고도 하는데 머리에 뿔 달린 상상의 동물이야. 그래. 이봉상과 조경은 무관이야. 요즘으로 말하면 군인들이지. 어쩐지 씩씩해 보이더라니까. 그래서 문관과는 다른 문양의 흉배를 달았어. 호랑이는 용맹한 동물이어서 무관의 흉배 장식으로 쓰였지.

쌍학흉배를 단 사람들은 문관들이야. 군인이 아닌 벼슬아치들이지. 조선 시대 문·무관은 과거 시험도 따로 보았고 하는 일도 달랐어. 양반이라는 말 들어 보았지? 문관과 무관을 합쳐 부르는 말이야. 조선 시대 벼슬은 문·무 양반들이 도맡아 했지.

● **해치 흉배**
해치는 선악을 가릴 줄 아는 상상의 동물이야. 원래는 문관인 대사헌의 흉배였지. 대사헌은 시시비비를 가려 나쁜 관리를 벌주는 벼슬이었거든. 그러다가 나중에는 무관의 흉배로 쓰이게 되었어.

◆ **멋쟁이 무관의 구군복**

이상한 점이 있어. 무관은 군인이니 군복이나 갑옷이 더 잘 어울리잖아. 그런데 모두 하나같이 정장관복 차림이야. 자신이 무관이라는 사실을 알리고 싶지 않아서일까? 그런 점이 없잖아 있어. 조선은 학문을 숭상했던 사회라 은근히 무관을 무시하는 경향이 있었거든. 전쟁 때도 최고 지휘관으로 무관은 제쳐 두고 문관을 임명했을 정도야. 실제로 무관 4품 벼슬은 문관 6품 벼슬과 비슷한 대우를 받았다고 해. 그러니 무관들이 한눈에 자신을 알아보는 군복을 좋아할 리 있겠어. 심지어 흉배도 호랑이 대신 학으로 바꿔 다는 무관들이 있었지.

그렇지만 당당하게 군복을 입은 초상화를 그린 사람도 있어. 조선 후기의 무관 이창운이야.

이창운은 전통적인 무관 복장인 구군복을 입었어. 구군복은 포도대장, 수군절도사 등이 입는 무관 최고의 차림이야. 양옆과 뒤에 트임이 있는 동다리를 입고 그 위에 소매가 없는 전복을 덧입지. 구군복은 관복보다 소매가 훨씬

● **이창운 초상**

그린이 모름, 1782년, 비단에 색칠, 153×86cm

이창운은 조선 후기에 삼도수군통제사, 포도대장, 어영대장, 도총관 벼슬을 지낸 무관이야. 임금과 나라를 보호하고 지키는 벼슬들이었지. 특히 도총관은 정2품으로 무관이 오를 수 있는 최고 벼슬이었어. 우리 초상화는 손을 잘 안 그렸는데 여기는 등채를 쥔 한 손을 드러냈어.

좁아서 활동하기 편하거든. 동다리의 붉은색 소매는 지휘관의 위엄을 보여 주기 위한 색이야. 여기에 공작새 깃털을 단 전모를 쓰고 오른 손에는 말채찍인 등채를 들었어. 허리에는 칼도 빠뜨리지 않았지.

한눈에 봐도 위엄이 돋보이는 씩씩한 무관임을 알 수 있어. 다양하고도 세밀한 옷 무늬와 파랑, 빨강, 하양의 화려한 색깔이 잘 어울리지? 최고 군사 기관에서 군사를 거느리던 높은 무관의 벼슬의 위엄이 잘 드러난 훌륭한 초상화야.

어르신,
기로소에 들다

◆ 궁금해요 기로소

　우리나라의 경로사상은 유명하지. 지하철, 버스에는 경로석도 따로 있고 동네마다 경로당이 있을 정도니까. 나이 든 어르신을 받드는 모습이 참 보기 좋아. 이건 조선 시대에도 있었던 전통이야. 어르신들은 나이가 많다는 이유만으로도 존경을 받았지.

　어르신들의 모임이라고 할 수 있는 '기로소'에 들어가는 것도 그중 하나야. 정2품 이상의 벼슬아치 중에서 70세가 넘은 사람이 들어갈 수 있었지.

　기로소에 들어간 어르신들은 나라에 경사가 있거나 임금이 행차할 때 맨 앞에 서는 특권을 누렸어. 나이와 덕망을 높이 여겨 극진히 예우한 거야. 기로소 입사야말로 벼슬아치로서는 최고의 명예였지. 높은 벼슬자리와 장수의 영광을 함께 누리는 일이니까.

　임금 역시 나이가 들면 기로소에 들게 돼. 1719년, 숙종 임금이 59세로 기로소에 들었어. 임금은 예순 살이 되어야 자격이 되지만 일찍 세상을 뜨는 일이 잦아 미리 든 거야. 실제로 숙종은 이듬해인 60세에 눈을 감았지.

　임금이 기로소에 들면 큰 잔치를 베푸는 게 관례야. 숙종은 1719년 4월 18일 기로소에 든 10명에게 잔치를 베풀고 초상화까지 그려 주었어. 이 초상화

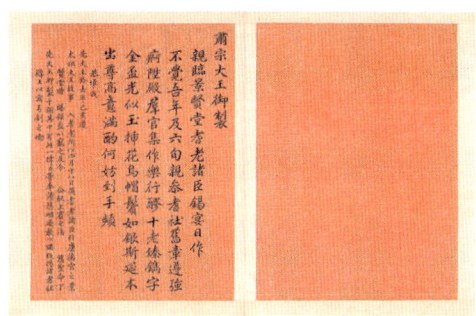 

● **《기해기사첩》 표지**(오른쪽)**와 숙종 임금이 지은 글**
1719년(기해년), 숙종 임금이 기사(기로소)에 든 기념으로 만든 《기해기사첩》의 표지야. 파란 비단 위에 제목을 써서 붙여 놓았어. 그리고 다른 글은 모두 하얀 종이 위에 썼지만 임금이 지은 글은 특별히 붉은 종이 위에 썼지.

를 모아 만든 기념화첩이 《기해기사첩》이야.

《기해기사첩》은 숙종 임금이 지은 글, 잔치를 베푸는 장면을 담은 다섯 점의 그림, 기로소 어르신 11명의 신상명세서인 좌목, 10명의 초상화(원래 11명이었으나 한 명은 지방에 살고 있어서 참석하지 못함), 축하 시 19편, 화첩을 만든 감독관과 화원의 명단 등으로 이루어졌어.

◆ 기념사진첩 《기해기사첩》

요즘으로 말하면 《기해기사첩》은 기념사진첩이야. 중요한 행사 장면과 참여한 사람들을 그려서 사진첩처럼 만들었으니까. 만약 사진기가 있었다면 그림 대신 사진을 찍었을 테지. 기념사진첩 몇 장을 펼쳐 볼게.

역시나 가장 눈에 띄는 건 기로소에 든 10명의 초상화야. 화첩 속에는 이유, 김창집, 김우항, 황흠, 강현, 홍만조, 이선보, 정호, 신임, 임방 순으로 실렸어. 나이와 상관없이 벼슬이 높은 순서야. 조선 시대에는 벼슬의 높낮이가 중요했던 거지. 초상화의 형식은 똑같아. 모두 정장관복을 입고 손을 소매 속에 넣은

● **이유 초상**
김진녀·장득만 등, 1719년, 비단에 색칠, 43.6×32.2cm, 보물 제929호
75세 때의 모습이야. 화면 위쪽에 '영부사 녹천이공 칠십오 세 진'이라고 적혔어. '진'이 초상화를 뜻하는 다른 말이라고 했지? 영부사는 정1품 벼슬이니 당연히 서대를 둘렀어. 녹천은 이유의 호야.

● **신임 초상**
김진녀·장득만 등, 1719년, 비단에 색칠, 43.6×32.2cm, 보물 제929호
81세 된 신임의 모습이야. 평생 나랏일에만 신경 쓰고, 재산을 모으지 않아 쌀을 빌려 먹을 정도로 청렴한 벼슬아치였지. 정2품 벼슬을 나타내는 삽금대를 둘렀어.

공수자세거든. 초상화 위쪽에 벼슬, 이름, 나이를 적었어.

첫 번째로 실린 이유는 그중 벼슬이 가장 높아. 수염도 덜 희끗하고 얼굴에는 살집이 많아 피부가 무척 탄력 있어 보여. 75세의 나이라고는 믿기지 않는 건강한 모습이야. 다만 눈 모양이 가늘고 눈동자가 뚜렷하지 않아. 얼핏 보면 조는 듯한 모습이거든.

신임은 기로소에서 가장 나이가 많은 사람이야. 무려 81세거든. 이마에 주름살도 가득하고 여기저기 검버섯도 피었지? 이유에 비해 확실히 나이든 모습이야. 위쪽에 '우참찬 죽리 신공 팔십일 세 진'이라고 적혔어. 우참찬은 벼슬, 죽리는 호, 팔십일 세는 나이, 진은 초상화를 뜻해. 풀어 쓰면 '우참찬 벼슬을 지낸 신임의 81세 초상화'가 되겠지.

《기해기사첩》은 모두 12부를 만들었어. 한 부는 기로소에 보관하고 나머지는 기로소에 든 어르신들에게 한 부씩 나눠주었지. 그린 화가는 김진여, 박동보, 장득만, 허숙 등 여러 명이야. 한 사람으로는 도저히 해낼 수 없을 정도로 일이 많았거든. 10명의 초상화를 12부씩 그렸으니 총 120명을 그린 셈이잖아. 화가들은 모두 임금의 초상화를 그렸던 실력파들이야. 어명으로 만든 기념 화첩이니만큼 솜씨가 뛰어난 화가들을 선발했지.

◆ 흥겨운 경로잔치

《기해기사첩》에는 흥겨운 잔치 장면도 실었어. 그림을 먼저 볼까? 〈봉배귀사도〉는 임금이 하사한 은잔을 받들고 기로소로 가는 장면이야. 붉은 옷을 입은 악사들과 무용수를 앞세우고 많은 사람들이 따라. 호랑이 가죽을 깐 가마

● **봉배귀사도 부분**

김진녀·장득만 등, 1719년, 비단에 색칠, 43.9×67.6cm 보물 제929호

기로소 어르신들 머리에는 임금이 내려 준 어사화가 한 송이씩 꽂혔어. 왼쪽 위를 잘 봐. 지팡이에 몸을 기댄 노인이 부러운 듯 바라보고 있지? 저 노인도 벼슬만 높았다면 기로소에 들었을 텐데.

● **기사사연도**

김진녀·장득만 등, 1719년, 비단에 색칠, 43.9×67.6cm 보물 제929호

맨 위쪽 탁자 위에 붉은 보자기로 싼 게 임금이 하사한 은잔이야. 차일 아래 10명의 기로소 어르신들이 각자 상을 받고 앉았어. 왼쪽 6명, 오른쪽 4명씩 마주 보고 앉았지. 모두 초상화에서 보던 대로 오사모에 단령을 입었어.

에 올라탄 사람들이 기로소 어르신들이야. 햇볕이 제법 따가운지 넓은 부채까지 받쳐 들었어.

그렇게 기로소에 도착해서 잔치를 열어. 흥겨운 놀이판은 단 아래에서 벌어졌어. 붉은 옷을 입은 악사들이 악기를 연주하고 가운데 다섯 명의 무용수들은 춤을 추고 있어. 둘레에는 많은 구경꾼들이 모였어. 덩실덩실! 보는 사람들 어깨춤이 절로 나겠지.

수수께끼의 인물도 두 명 보여. 오른쪽에 하얀 옷을 입고 지팡이를 든 채 춤을 따라 추는 사람들이야. 누구냐고? 잔치 구경을 온 거지 노인들이래. 모두 80세가 넘었다지. 따로 술과 음식을 듬뿍 주어 위로했다는 기록이 남아 있어.

기로소 어르신이나 거지 노인이나 나이 많기는 똑같잖아. 그런데 기로소 어르신들은 임금이 베푼 잔치를 받는데 거지 노인들은 겨우 술이나 얻어먹는 처지야. 엄격한 신분제 사회였던 조선 시대의 서글픈 모습이지 뭐.

◆ 가문의 영광

1753년 5월, 71세가 된 강세황도 기로소에 들게 돼. 정2품 벼슬에 오른 다음이지. 할아버지 강백년, 아버지 강현에 이은 집안 삼대째의 경사니까, 어찌 가문의 영광이 아니겠어. 정조 임금은 어명을 내려 당시 최고 화가로 이름을 떨치던 이명기에게 초상화를 그리게 하지. 그래서 탄생한 그림이 강세황의 71세 초상화야.

정장관복 차림으로 표범 가죽을 깐 의자에 앉은 전형적인 벼슬아치 모습이야. 얼굴은 짙고 옅음을 잘 살려 색칠했어. 남들보다 더 쭈글쭈글한 강세황의

● **강현 초상**
그린이 모름, 18세기 초, 비단에 색칠, 165.8×96cm, 보물 제589호
1717년, 기로소에 든 기념으로 그린 초상화야. 강현의 초상화는 2년 후인 1719년에 그린 《기해기사첩》에도 들어 있어.

얼굴을 표현하기에 적당한 방법이야. 몸에 비해 얼굴이 커 보이지? 강세황의 몸집이 워낙 작았다고 해. 손은 소매 바깥으로 빼내어서 그렸어. 이러면 손 모양이 어색하기 일쑤인데 손가락 마디 모양까지 잘 살려 진짜처럼 그렸네. 과연 이명기의 솜씨야. 발아래 놓인 화문석의 세밀한 묘사도 감탄스러워. 옷 주름은 짙은 음영을 넣었고 무릎과 삽금대 사이도 짙게 칠했어. 서양화법을 써서 입체감을 살린 거야. 이명기는 서양화법까지 적극적으로 활용한 화가거든.

◆ 초상화 한 점의 값

● **강세황 71세 초상**
이명기, 1783년, 비단에 색칠, 145.5×94cm, 보물 제590호
강세황은 61세의 늦은 나이로 첫 벼슬길에 오른 뒤 79세로 세상을 떠날 때까지 한성부 판윤(지금의 서울 시장) 등 높은 벼슬을 두루 지냈어. 대기만성형의 대표적 인물이지.

강세황의 초상화가 유명한 까닭은 따로 있어. 친절하게도 초상화를 그린 과정 및 쓰인 재료비, 인건비까지 자세하게 기록해 두었거든. 계묘년(1783년) 가을에 썼다고 제목이 〈계추기사〉야. 글 쓴이는 강세황의 셋째 아들 강관. 어명으로 초상화를 그렸기에 두고두고 가문의 영광으로 삼고자 했던 거지.

초상화는 음력 7월 18일 초본을 그리기 시작하여 7월 27일 정본 채색까지 완성하게 돼. 꼭 열흘이 걸렸어. 강관은 "아버지의 정신과 마음을 똑같게 그려내어 털끝만큼도 불만이 없다"라고 적었어. 그 정도로 잘 그린 작품이라는 거지.

초상화만 그렸다고 끝난 건 아니야. 걸기 좋게 족자로 만들어야 하거든. 이 일은 임금을 호위하는 어영청에서 일하는 이득신이 맡았는데 7월 28일부터 7월 30일까지 사흘이 걸렸어. 마지막으로 초상화를 보관하는 상자인 궤를 8월 5일에 완성하게 돼. 초상화 초본부터 궤까지 완성하는 데 총 18일이 걸린 셈이야. 8월 7일에는 온 가족이 모여서 완성된 초상화를 감상하는 행사까지 갖게 되지.

초상화를 그리는 데 든 비용은 얼마였을까?

초상화를 그릴 비단은 10냥에 샀고, 화가 이명기에게는 10냥의 수고비를 주었어. 족자를 만드는 재료비와 이득신에게 준 수고비가 13냥, 궤를 만드는 데 4냥 등 모두 37냥의 돈을 썼지. 지금 돈으로 치면 약 400만 원 정도래. 화가 이명기의 수고비는 약 100만 원인 셈이지. 이명기가 어명을 받아 그렸기에 훨씬 싸게 든 거야. 만약 이명기가 다른 사람의 초상화를 그렸다면 더 많은 수고비를 줘야 했겠지. 경제 사정이 넉넉하지 못한 집안에서는 엄두도 못 낼 일이야. 그러니까 돈 많고 신분이 높은 벼슬아치들만 초상화를 남길 수 있었지.

더 생각해 보기

조선 시대의 계급장, 흉배와 관대

색깔과 모양이 화려해서 장식 효과도 매우 컸던 흉배는 세종 임금 때인 1446년에 처음으로 필요하다는 논의가 있었어. 그러나 사치스럽다는 의견이 많아 흐지부지 되다가 1454년 단종 임금 때 비로소 3품 이상의 벼슬아치부터 달게 되었어. 그 후 연산군 때 9품 이상의 모든 벼슬아치들이 달게 되었지.

흉배로 문·무관은 물론 벼슬의 높낮이를 구별했다고 했지? 그래서 문양도 다양해.

《단종실록》에는 이런 기록이 있어.

> 왕족인 대군은 기린, 도통사는 사자, 제군은 백택으로 하고, 문관 1품은 공작, 2품은 운안, 3품은 백한, 무관 1, 2품은 호표, 3품은 웅표, 대사헌은 해치로 한다.

모두 동물 문양이야. 문관은 주로 새 종류, 무관은 사납고 힘센 맹수이지. 동물이 가진 성질에 따라 나눈 거야. 학은 고상한 선비의 기상을 상징하고 용맹한 호랑이는 절대적인 권위와 힘을 상징하지. 그럼, 나라의 최고 권위자인 임금은 어떤 모양을 달았을까? 임금이 입는 곤룡포

● **임금의 흉배인 보**
흉배가 네모 모양인데 비해 보는 둥근 모양이야. 여의주를 물고 하늘을 나는 용을 수놓았지. 임금은 발톱이 5개인 오조룡, 왕세자는 발톱이 4개인 사조룡이야.

에 단 흉배는 '보'라고 했는데, 임금은 양 어깨까지 더해 모두 네 군데에 보를 달았어. 임금의 보는 발가락이 다섯 개인 용을 수놓았지.

시간이 지나면서 점차 흉배의 사용이 어지럽게 돼. 함부로 마구 다는 바람에 벼슬의 높낮이와 문관과 무관의 구별이 어려워지자 영조 임금 때는 3품 이상 문관은 운학 흉배, 그 아래로는 백학흉배를 사용하기로

● 호표흉배
가슴에 달린 두 마리 호표는 무관 중에서도 높은 벼슬이었다는 사실을 알려 주지.

정했어. 그 후 고종 임금 때에는 문관은 쌍학과 단학, 무관은 쌍호와 단호로 벼슬의 높낮이를 구별했지. 조선 전기에는 흉배가 가슴 전부를 차지할 정도로 컸으나 점점 크기가 줄어들었어.

● 서대

관대는 벼슬아치가 관복에 갖추어 두르는 띠로 '품대'라고도 해. 관대도 흉배와 마찬가지로 품계에 따라 장식이 달랐어. 거기에 따라 부르는 이름도 달랐지. 벼슬이 제일 높은 1품은 무소뿔로 만든 '서대'라고 했지? 정2품의 관대는 '삽금대'야. 꽃 장식 무늬를 새긴 금색의 띠돈으로 장식했는데 매우 화려하지. 정3품은 은색의 띠돈을 장식해 '삽은대'라고 했어. 종2품 소금대는 무늬가 없는 금으로 되어 있어. 그리고 종3품에서 4품까지 사용한 소은대는 조각이 없는 은장식을 붙인 띠야. 9품이 쓰는 흑각대는 검은색의 무소뿔로 장식하였지.

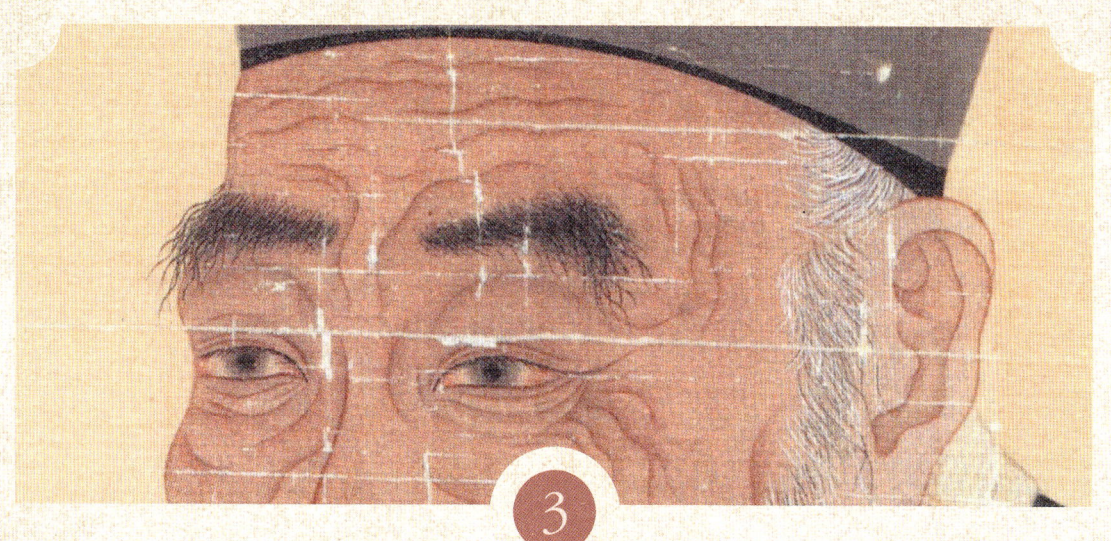

3
• 선비의 방 •

조선의 대표 인물, 선비

선비는 조선 시대의 학문과 정치를 대표하는 사람들이야. 높은 학식과 꼿꼿한 마음을 함께 갖춘 분들이지. 유명한 선비들은 제자들도 많이 따랐어. 당연히 초상화도 많이 그렸겠지? 제자들은 스승의 모습을 멋지게 표현하려고 뛰어난 솜씨를 지닌 화가들을 동원했어. 조선 시대에는 선비들을 존경했기에 고려 시대 선비들까지 덩달아 받들어 모셨지.

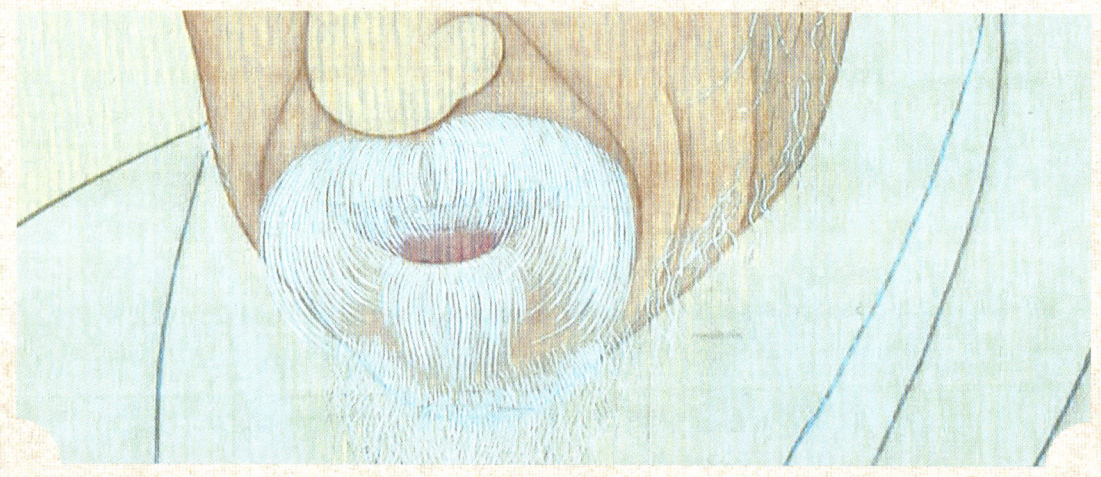

조선 시대 선비들

◆ 골골이 패인 주름

누구일까? 이율곡의 뒤를 이은 조선 주자학의 대표자요, 노론의 지도자였던 분. 살아서는 효종 임금의 스승이요, 죽어서는 성균관 문묘에 든 분.《조선왕조실록》에 무려 3,000번이나 이름이 나오는 분. 세종 대왕, 이순신 말고 이렇게 유명한 사람이 또 있다고?

성균관 문묘는 중국과 우리나라의 위대한 성인 38명의 위패를 모신 곳이야. 이곳에 모셨다는 건 최고의 학자이자 선비였다는 뜻이지. 이 분의 이름은 바로 우암 송시열.

● **송시열 초상**
그린이 모름, 조선 후기, 비단에 색칠, 89.7 × 67.6cm, 국보 제239호
유학자답게 머리에 까만 복건을 쓰고 하얀 심의를 입었어. 학자들의 상징과도 같은 차림이야. 반원을 그리듯 어깨를 둥글게 그려 큰 덩치를 강조했지.

첫인상이 어때? 공부 많이 한 선비라기보다는 씩씩한 장수처럼 생겼지. 산처럼 커다란 덩치에 우락부락한 얼굴, 진한 눈썹과 강렬한 눈빛이 그렇잖아. 실제로 평생 찬 방에서 이불도 깔지 않고 잘 정도로 건강했다고 해. 무엇보다 얼굴 전체에 골골이 패인 굵은 주름이 인상적이야. 대학자답게 논쟁도 많이

했고 선비의 지조를 지키려니 여러 번 위기도 겪었지. 복잡했던 삶의 굴곡이 깊은 주름으로 나타난 게 아닐까?

송시열은 1, 2차 예송 논쟁으로 유명해. 왕실의 장례식 때 대왕대비가 어떤 상복을 입어야 하는지를 두고 15년 동안 치열한 논쟁을 벌였지. 송시열은 예법에 관한 학문(예학)에 정통한 사람이었거든. 나중에는 왕세자 책봉 문제로 논쟁을 벌이다 결국 사약을 받고 세상을 떠났어. 자신이 옳다고 여기는 것이라면 목숨을 아끼지 않는 전형적인 선비였지.

절개와 의리는 오랜 세월이 흘러도 고상하여 평생 동안 나는 존경하였다.

초상화에 적힌 글이야. 정조 임금이 송시열을 추모하며 직접 지었지. 임금조차 이럴 정도였으니 얼마나 많은 제자들이 따랐겠어. 송시열은 왜 조선 시대에 초상화를 많이 그렸는지 알려 주는 표본 같은 사람이야. 여기저기 받들어 모시는 곳이 많다보니 자연스레 초상화도 많이 그리게 되었거든. 지금 남아 있는 초상화도 열 점이 넘으니 그때는 얼마나 더 많았겠어.

궁금한 점이 있어. 살아 있을 때 그렇게 많은 초상화를 그렸다면 번번이 모델이 되어 주었을까? 초상화 한 점 그리려면 보통 며칠씩 걸리잖아. 바쁜 송시열이 그럴 리 있겠어. 그럼 어떤 방법을 썼을까?

비밀은 초상화 초본이야. 초본은 초상화 정본을 그리기 전에 그리는 밑그림이야. 잘 그린 초본 하나만 있으면 아무리 많은 초상화라도 걱정할 필요 없어. 정본을 그릴 때마다 초본을 보면 되니까. 〈송시열 초상〉 초본에도 송시열의 특징인 깊은 주름이 그대로 나타나 있어. 이 그림을 본 사람들은 모두들

● **송시열 초상**
김창업, 1680년, 비단에 색칠, 92.5×62cm
74세 때의 초상화야. 송시열은 좌의정 벼슬까지 지냈지만 정장관복을 입은 초상화는 없어. 벼슬아치보다는 선비의 인상이 더 강했기 때문이야. 역시 깊게 패인 주름이 잘 드러나. 짙은 눈썹과 수염은 강직했던 성격을 말해 줘.

'칠분지모'라고 감탄했대. 70퍼센트를 닮았다는 뜻이야. 거의 똑같다는 말을 겸손하게 표현한 거지. 이 초본은 워낙 잘 그려 정본을 그릴 때마다 빌려 갔다고 해.

● **송시열 초상 초본**
김진규, 17세기 후반, 유지에 먹, 56.5×36.5cm
선비들의 평상복인 연거복에 사방건을 쓴 모습이야. 화가인 김진규가 그림 속에 "수염은 너무 가늘고 기름져서 제대로 못 그렸다"고 적었어. 겸손의 표현으로 봐야지.

◆ 하얀 수염 휘날리며

금도끼 은도끼 이야기 알지? 도끼를 연못에 빠뜨린 나무꾼이 정직한 마음 덕분에 산신령에게 금도끼, 은도끼까지 덤으로 받았다는 이야기잖아. 진짜 산신령이 있다면 이 사람처럼 생기지 않았을까?

● **허목 초상**
이명기, 1794년, 비단에 색칠, 72.1×57cm, 보물 제1509호
두 어깨가 움푹 파인 깡마른 체구야. 그렇지만 앞을 바라보는 눈빛은 깊고도 선해. 꽉 다문 입술은 다부진 성격을 말해 줘.

초상화의 주인공은 허목, 17세기 중반에 활동했던 선비야. 송시열과 한 치의 양보도 없는 치열한 예송 논쟁을 벌인 사람이지. 사람이 살아가는 데 예절이 가장 중요하다고 여겼기 때문이야. 허목은 장례에 관한 책인《경례유찬》까지 지었지.

이 초상화의 특징은 뭘까? 보는 순간 대번 눈길을 확 끄는 곳인데. 그래. 하얀 수염과 눈썹이야. 정말 옛이야기에 나오는 산신령 같잖아. 허목 스스로도 하얀 눈썹과 수염이 자랑스러웠나 봐. 호를 '미수'라 지었거든. 눈썹이 하얗다는 뜻이지. 화가도 이걸 강조하여 얼굴 전체에 하얀 서리가 내린 것처럼 그렸어.

● **허목 초상의 얼굴 부분**
얼굴에 온통 하얀 눈썹과 수염만 보일 지경이야. 흰 수염이
부드러운 바람에 살랑살랑 휘날리는 것 같지 않니?

그런데 화가는 수염을 더욱 특별한 방법으로 강조하고 싶었나 봐. 마치 바람이라도 부는 듯 수염을 오른쪽으로 휘날리게 그렸거든. 수염을 이렇게 그린 초상화는 단 한 점뿐이야. 우리 초상화는 화가의 개성이 잘 드러나지 않는데 이 작품만은 예외야. 주인공의 가장 큰 특징을 화가의 가장 특별한 방법으로 강조했지. 덕분에 고요한 선비 얼굴이 확 살아났어. 마치 동영상을 보는 느낌이거든.

그림 속에는 정조 때의 이름난 신하 채제공이 초상화를 그린 내력을 적어 놓았어.

> 1794년, 평소 허목을 존경하던 정조 임금은 초상화를 보기 원했다. 경기도 연천에 모시던 허목의 82세 초상화를 받들어 서울로 가지고 와 당시 뛰어난 화가인 이명기에게 똑같이 그려 올리게 하였다. 원래 초상화는 다시 돌려보내고 새로 그린 초상화는 궁궐에 두었다.

허목이 죽은 지 100년 뒤의 일이야. 선비의 꼿꼿한 삶은 세월을 뛰어넘어 임금마저 감동시킨 거지.

◆ 격자무늬 초본

 윤증도 초상화 많기로 둘째가라면 서러워할 사람이야. 송시열 못지않게 많은 초상화를 남겼거든. 하지만 윤증은 초상화 그리는 걸 무척 꺼려했지. 그런다고 제자들이 가만있었겠어. 여기저기서 받들어 모시려니 많은 초상화가 필요한데. 그래서 꾀를 내었지. 일부러 잔치를 연 후 구경꾼들 속에 화가를 몰

● **윤증 초상**
이명기, 1744년, 비단에 색칠,
118×83.3cm
허목은 원래 송시열의 수제자였는데 서로 의견이 맞지 않아 갈라서고 말았어. 아무리 스승과 제자라도 자신이 옳다고 믿는 건 포기할 수 없었거든. 머리에 쓴 사방건이 자로 잰 듯 반듯해. 윤증의 올곧은 성격을 말해 주는 듯해.

래 숨겨 놓거나 창문 틈으로 슬쩍 훔쳐보게 하여 초상화를 그렸대.

이건 선비들의 평상복인 사방건에 도포 차림의 초상화야. 그런데 사방건 속으로 비치는 머리가 대머리야. 무릎을 꿇고 두 손을 공손히 앞으로 모았지? 초상화에서 저렇게 무릎을 꿇은 모습은 드물어. 공부 많이 한 선비의 겸손함을 강조해서 보여 주려는 의도야. 위로 치켜 올라간 눈꼬리와 큰 코는 무척 고집이 세 보여. 겸손하면서도 깐깐한 성품이 잘 드러난 초상화야.

이처럼 선비들의 초상화는 엄숙하고 위엄 있는 모습이 대부분이야. 길이길이 물려주며 많은 사람들이 봐야 할 초상화잖아. 우러러 받들 가장 바람직한 모습으로 그려야 했거든.

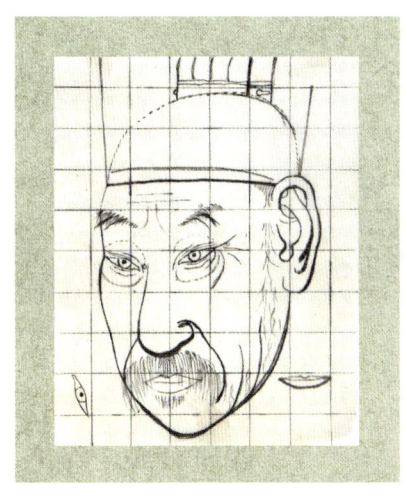

● **윤증 초상 초본 작은 것**
그린이 모름, 18세기 후반, 종이에 먹, 17.5×13.5cm
초본에 격자무늬가 잘 그려져 있지? 그림의 아래쪽에는 따로 그린 눈과 입술도 보여. 정확하게 그리기 위해 연습한 거야.

윤증의 초상화가 유명한 건 초본 때문이야. 특이하게도 모눈종이처럼 생긴 격자무늬에 그린 초본이 두 점이나 있거든. 그중 작은 것에는 가로 8칸 세로 10칸의 격자무늬가 있어. 이렇게 격자무늬 안에 그린 초본은 흔치 않아.

왜 이런 격자무늬 종이에 그렸냐고? 얼굴 모습을 오차 없이 정확한 비율로 그릴 수 있잖아. 궁궐이나 지도를 그릴 때도 이런 방법을 썼어. 실제로 이명기가 그린 윤증의 초상화와 큰 초본의 얼굴 비율이 정확하게 일치한다고 해. 조금이라도 더 사실적인 초상화를 그리려 한 화가의 노력이 엿보여.

고려시대 선비들

◆ 임 향한 일편단심

이 몸이 죽고 죽어 일백 번 고쳐 죽어

백골이 진토되어 넋이라도 있고 없고

임 향한 일편단심이야 가실 줄이 있으랴.

고려의 충신 정몽주가 지은 〈단심가〉야. 함께 조선을 세우자는 이방원의 부탁을 뿌리치면서 읊은 시조잖아. 고려 왕조를 향한 한결같은 마음이 담겨 있지. 결국 정몽주는 선죽교에서 비참한 죽음을 당해.

참 이상해. 조선을 세우는 걸 반대했던 정몽주는 뒷날 조선 선비들의 추앙을 받게 되니까. 선비들이 추구하던 이상을 정몽주에게서 보았거든. 선비는 선비를 알아주는 법이야.

정몽주의 초상화는 색이 좀 바랬어. 그린 지 400년이 넘었거든. 그런데 이

● **정몽주 초상**
그린이 모름, 16세기, 종이에 색칠, 172.7×104cm
정몽주의 초상화도 여러 점이야. 존경받는 충신이라 여러 서원에서 받들어 모셨으니 초상화도 많이 필요했거든. 지금 남아 있는 초상화 중에는 이게 가장 오래된 거야.

건 고려 시대에 그렸던 초상화가 아니야. 고려 공양왕 때 처음 그렸던 초상화를 보고 조선 시대에 다시 그린 작품이지. 초상화는 비단이나 종이에 그리기 때문에 쉽게 낡거든. 그때마다 새로 그려.

아까 보았던 조선 시대 관복과는 좀 다르지? 머리에 쓴 사모의 높이도 낮잖아. 모자 양옆에 달린 뿔인 양각도 좁고 약간 처져 있어. 관복에는 흉배도 없지. 비록 조선 시대에 그린 초상화지만 고려 시대 초상화의 흔적이 그래도 남아 있지.

◆ 고려 시대 초상화의 특징

목은 이색도 고려의 충신이야. 포은 정몽주, 야은 길재와 더불어 '삼은'으로 불리며 고려 말의 충신 삼총사가 되었지.

> 백설이 잦아진 골에 구름이 머흘레라
> 반가운 매화는 어느 곳에 피었는가
> 석양에 홀로 서 있어 갈 곳 몰라 하노라.

이색이 쓴 시조야. 망해 가는 고려 왕조에 대한 걱정을 담았지. '반가운 매화'는 고려 왕조를 되살릴 충신을 뜻해. 정몽주와 이색은 충신의 본보기라, 비록 고려 사람이지만 조선 시대에도 많은 초상화를 그렸지.

이색의 초상화는 정몽주와 옷 색깔만 다를 뿐 비슷해. 소매 속에 손을 넣고 의자에 앉은 자세며, 흉배 없는 관복이며, 사모의 모양도 비슷하지. 그런데

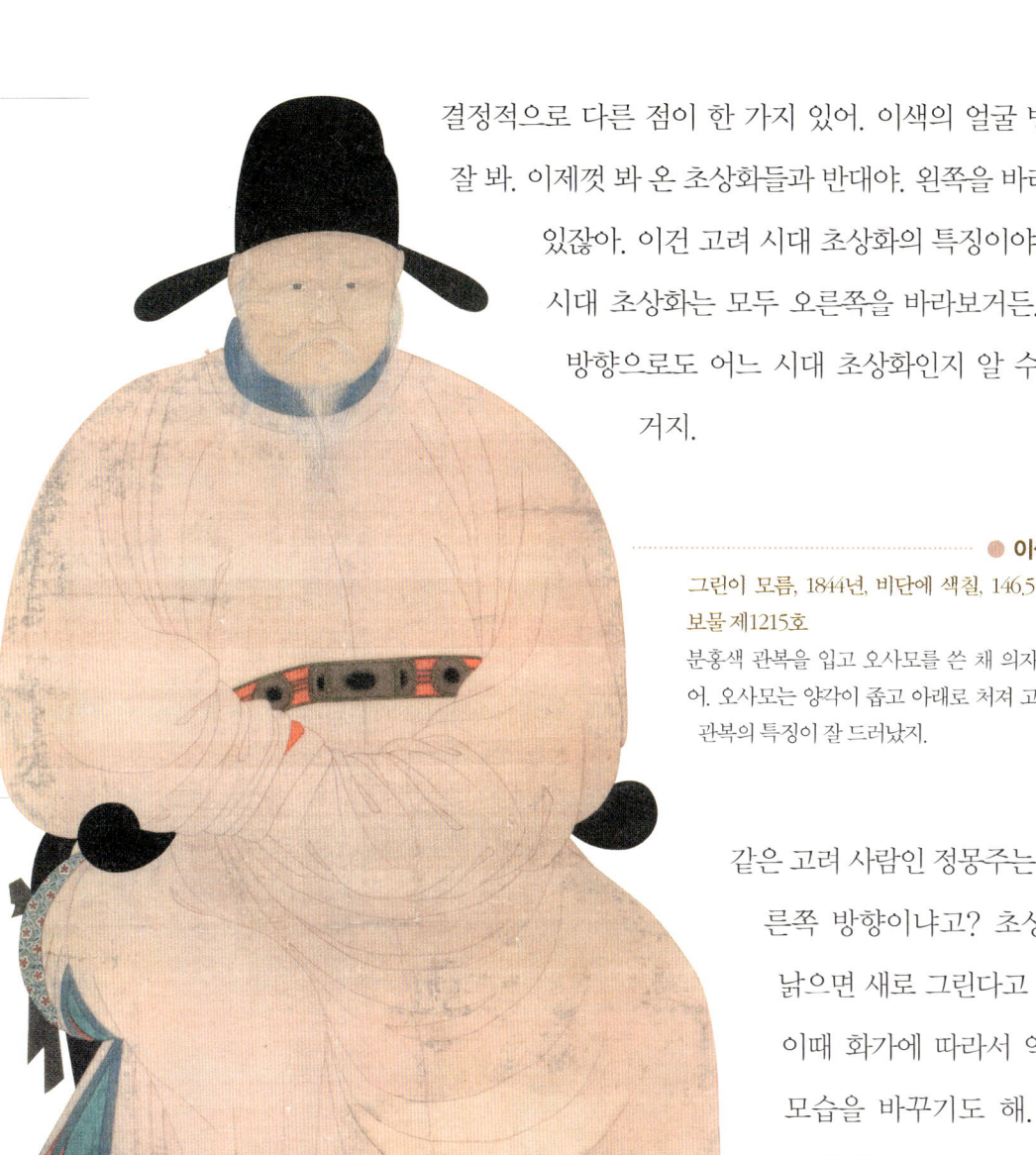

결정적으로 다른 점이 한 가지 있어. 이색의 얼굴 방향을 잘 봐. 이제껏 봐 온 초상화들과 반대야. 왼쪽을 바라보고 있잖아. 이건 고려 시대 초상화의 특징이야. 조선 시대 초상화는 모두 오른쪽을 바라보거든. 얼굴 방향으로도 어느 시대 초상화인지 알 수 있는 거지.

● **이색 초상**
그린이 모름, 1844년, 비단에 색칠, 146.5×79cm, 보물 제1215호
분홍색 관복을 입고 오사모를 쓴 채 의자에 앉았어. 오사모는 양각이 좁고 아래로 처져 고려 시대 관복의 특징이 잘 드러났지.

같은 고려 사람인 정몽주는 왜 오른쪽 방향이냐고? 초상화가 낡으면 새로 그린다고 했지? 이때 화가에 따라서 약간씩 모습을 바꾸기도 해. 조선 시대에는 오른쪽 방향으로 얼굴을 그리는 게 원칙이었으니, 정몽주 초상을 그린 화가는 그에 따라 방향을 살짝 바꾼 거야.

◆ 조선 선비의 원조

안향은 고려 시대에 성리학을 처음 우리나라에 들여왔어. 나중에 이성계를 도와 조선을 세운 사람들도 모두 성리학을 깊이 공부했지. 이런 전통이 이어져 뒷날 이황, 이이, 송시열 같은 뛰어난 성리학자들이 나왔어. 안향은 조선 선비의 원조인 셈이야. 이런 사람의 초상화가 없다면 섭섭하겠지.

머리에는 평정건을 썼고 붉은색 옷을 입었어. 평정건은 검은 무명을 두 겹

● **안향 초상**

전 이불해, 16세기 중반, 비단에 색칠, 87×52.7cm, 국보 제111호

조선 시대인 16세기 중반에 그린 거야. 이불해가 그린 것으로 추정돼. 초상화에는 안향의 아들 안우기가 쓴 글이 적혔지. "아버지는 많은 학교를 세워 학생들이 공부하는 풍토를 만들었다. 임금께서 공자를 모시는 사당에 함께 모시고 제사를 지내도록 분부하셨다"는 내용이야.

● 소수서원

으로 하고 심을 넣어 빳빳하게 만든 모자야. 고려 시대 선비나 공부하는 유생들이 쓰곤 했지. 복건을 쓰고 하얀 심의를 입은 조선 시대 선비와는 달라. 얼굴도 왼쪽을 향했어. 고려 시대 초상화의 특징을 잘 드러냈지. 전체적으로 낡은 곳이 많지만 눈빛만은 총총해. 인물의 정신은 눈에 들었다고 했잖아. 오랜 세월도 정신이 깃든 눈만은 흐리게 할 수 없었지.

옷차림이나 눈빛이 공부를 많이 한 학자의 모습을 잘 보여 주고 있어. 정몽주, 이색이 충신이었다면 안향은 학문이 뛰어났던 사람이지. 조선 시대는 학문을 숭상했던지라 이런 분도 잘 받들어 모셨어. 지금 이 초상화는 우리나라 최초의 서원인 소수서원에 있어. 서원은 조선 시대의 학교였잖아. 안향의 초상을 모시기에는 꼭 맞는 곳이지. 안향이 애쓴 덕분에 조선 선비들도 열심히 공부한 게 아닐까?

◆ 튀어나온 엄지손가락

지금까지 본 건 조선 시대에 그린 고려 시대 사람들의 초상화잖아. 고려 시대 초상화의 흔적이 남아 있다고는 하지만 만족할 만한 정도는 아니야. 혹시 정말 고려 시대에 그린 초상화도 남아 있을까? 이것만 있다면 고려 시대 초상화의 모습을 확실하게 알 수 있을 텐데, 워낙 오래전이라…….

놀라지 마. 고맙게도 그런 초상화가 있으니까. 이제현의 초상화는 고려 시대인 1319년에 그렸으니 무려 700년이나 되었지. 비단에 그린 초상화가 이렇게 오랜 세월 동안 전해져 왔다는 사실이 참 신기해.

이 초상화는 매우 특이해. 옷소매를 잘 보면 신기하게도 오른쪽 엄지손가락 하나가 삐죽 튀어나왔거든. 우리 초상화에는 없는 모습이지. 이제현은 초상화에 이렇게 적었어.

> 내 나이 33세가 되던 1319년, 충선왕의 부름을 받고 원나라를 방문했다. 충선왕은 원나라 초상화가인 진감여를 불러 나의 얼굴을 그리게 하였다.

그래, 이 초상화는 중국 화가의 작품이야. 이제현이 충선왕의 부름을 받고 원나라를 방문했을 때 그곳 화가에게 부탁해서 그린 초상화지. 엄밀히 말하면 고려의 초상화는 아니야. 그렇지만 고려 시대 초상화의 특징이 잘 나타나 있어. 옷차림부터 완벽한 고려 시대 사람이잖아.

표현 방법도 그래. 옷 주름은 명암을 넣지 않고 단순한 선으로 그렸거든. 얼굴 방향 역시 왼쪽을 바라보고. 비록 중국 화가가 그렸지만 고려 시대 초

● **이제현 초상**

중국 원나라, 진감여, 1319년, 비단에 색칠, 177.3×93cm, 국보 제110호
이제현은 뛰어난 학자로 정몽주, 이색의 스승이기도 해. 워낙 유명한 학자였으니 초상화도 많이 그렸겠지. 이 초상화는 1319년에 그린 후 다른 사람에게 빌려 주었다가 잃어버렸대. 그런데 이제현이 21년 후에 다시 중국을 방문했을 때 기적처럼 되찾았어.

상화의 흔적을 고스란히 보여 주고 있지. 이건 곧 고려와 원나라 사이에 문화 교류가 활발했던 증거이기도 해.

> **더 생각해 보기**

왜 왼쪽 얼굴을 많이 그렸을까?

　조선 시대 초상화는 대부분 왼쪽 얼굴을 그렸어. 주인공은 오른쪽 방향을 쳐다보고 있는 거야. 그러니 오른쪽 귀는 보이지 않고 왼쪽 귀만 보이는 거지. 고려 시대나 중국, 일본 초상화도 오른쪽 얼굴을 많이 그렸고 서양의 초상화도 오른쪽 얼굴이 많아. 그런데 조선 시대 초상화는 왜 왼쪽 얼굴을 고집했을까?

　한 가지 이유만은 아니야. 초상화의 주인공, 그리는 화가, 감상하는 사람 등 세 가지 입장을 살펴봐야 해.

　먼저 초상화의 주인공 입장이야. 주인공은 자신의 가장 잘난 얼굴 모습을 보여 주고 싶겠지. 그게 바로 왼쪽 얼굴이야. 왜냐하면 왼쪽 얼굴에 사람의 인상이 더 잘 나타나기 때문이거든. 사람의 뇌는 우뇌와 좌뇌로 나뉘잖아. 우뇌는 감정 표현을, 좌뇌는 논리적 표현을 담당하지. 우뇌가 발달한 사람은 음악이나 미술을, 좌뇌가 발달한 사람은 수학이나 과학을 잘한대. 그런데 우뇌는 사람의 왼쪽 신체를, 좌뇌는 오른쪽 신체를 조절해. 당연히 감정 표현이 풍부한 우뇌가 담당하는 왼쪽 얼굴의 인상이 훨씬 좋겠지. 그래서 왼쪽 얼굴을 보여 주는 거야.

　조선 시대 초상화는 공경의 대상이었어. 주인공의 특징이 잘 드러나면서도 엄숙하고 바람직한 모습으로 그려져야 했지. 그러니 너나없이 왼쪽 얼굴을 그리게 된 거야.

　그리는 화가의 입장도 중요해. 우리나라 사람들은 대부분 오른손잡이잖아.

왼손은 부정 타는 손이라고 일부러 못 쓰게 했거든. 말뜻부터가 '오른'은 옳다는 뜻이고 '왼'은 틀리다는 뜻이지. 화가 역시 오른손잡이가 대부분이야. 오른손 화가의 입장에서는 왼쪽 얼굴을 그리는 게 자연스러워. 손의 움직임도 편하고 그만큼 실수도 훨씬 줄어들겠지. 그래서 화가 역시 왼쪽 얼굴을 선호하게 된 거야.

마지막으로 그림을 감상하는 사람 입장이야. 초상화를 보는 사람은 무의식적으로 왼쪽 얼굴에 훨씬 호감을 느낀대. 미국 웨이크 포레스트 대학교의 연구 결과야. 조선 시대에도 이걸 경험으로 알았을 거야. 그러니 화가들도 호감을 주는 왼쪽 얼굴을 선호했겠지.

이런 여러 가지 이유가 겹쳐 왼쪽 얼굴을 주로 그리게 되었는데 결국 전통으로 굳어진 거지.

우리 초상화가 화가의 개성이 중요한 예술 작품이라면 다양한 얼굴 방향을 시도했을지도 몰라. 하지만 우리 초상화는 예술 작품이 아니야. 제사 지낼 때 필요한 실용적 목적을 지녔어. 굳이 다양한 시도를 할 필요가 없었지. 조선 말기에 들어와서는 이런 전통이 조금씩 바뀌어 가. 앞으로 볼 채용신의 〈황현 초상〉, 〈최연홍 초상〉은 오른쪽 얼굴이 나오거든. 시대가 변하니 전통도 서서히 변하게 된 거야.

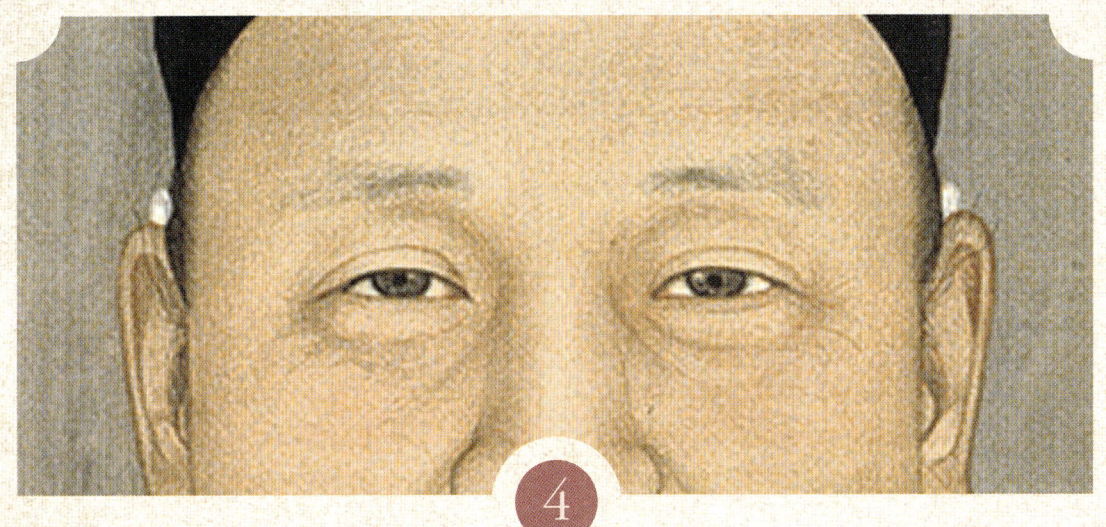

· 임금의 방 ·
나라님의 얼굴, 어진

임금의 초상화를 '어진'이라고 해. 어진은 '초상화 중의 초상화', '초상화의 꽃'이라 할 수 있어. 나라에서 가장 귀한 사람이니만큼 가장 뛰어난 화가들을 선발해서 그렸거든. 조선 역사 500년을 거쳐 간 임금은 모두 27명이야. 임금들은 필요할 때마다 수많은 어진을 그렸지. 어떤 화가들이 어떤 방법으로 어진을 그렸을까?

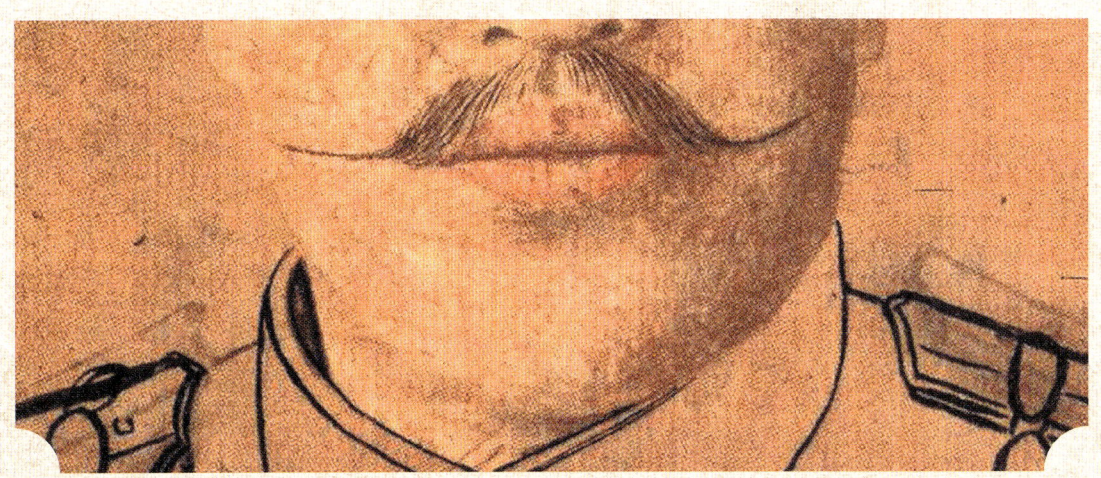

조선을 세운 임금, 태조

◆ 임금의 초상화

"어명이오!"

텔레비전 사극에서 흔히 나오는 소리야. 이 소리를 들으면 모두 땅에 엎드려 부들부들 떨지. 임금의 명령이니까. '어' 자는 임금을 뜻하는 말이야. 임금을 치료하는 의사를 '어의', 임금이 앉는 의자를 '어좌'라고 하잖아. 마찬가지 임금의 초상화는 '어진'이야.

처음에는 임금의 초상화를 다양하게 일컬었어. 진영, 영자, 진용, 쉬용, 어용, 영정, 수용 등으로 불렀지. 그러다가 숙종 임금 때 임금의 초상화를 무엇으로 부르면 좋을지 토의를 했어. 이이명이라는 사람은 초상화를 '진'이라고 하니 어진이라 부르는 게 좋겠다고 했지. 숙종도 같은 생각이었어. 임금의 초상화를 모셔 두는 곳이 '진전'이니 어진이라는 말이 좋겠다고 여겼거든.

조선 시대에는 초상화를 많이 그렸다고 했잖아. 임

● **태조 어진 표제**
누구의 어진인지, 언제 그렸는지 알려 주는 게 표제야. 표제는 그림에 직접 쓰지 않고 다른 종이에 쓴 후 붙였지. 〈태조 어진〉에는 두 가지 표제가 붙었어. 하얀 종이에는 '어용', 빨간 종이에는 '어진'이라는 말을 썼지.

금도 예외는 아니었어. 임금의 자손들도 선왕들을 기리며 제사를 지내야 했거든. 왕실이 영원히 이어지기를 기원한 거야.

◆ 파란색 곤룡포, 태조 어진

태조 이성계는 고려 왕조를 멸망시키고 조선을 세운 사람이야. 조선의 첫 번째 임금이지. 흔히 나라를 세운 임금에는 '태조'라는 묘호를 붙여. 임금이 죽은 뒤 그 공덕을 기려 붙이는 이름을 '묘호'라고 하는데 태조, 세종, 영조, 고종 등 우리가 알고 있는 임금의 이름은 사실 다 묘호야. 고려를 세운 왕건도 태조였고, 중국 명나라를 세운 주원장도 태조였지. 태조는 다른 임금보다 더욱 떠받드는 법이야.

태조 이성계가 두 손을 옷소매 속에 넣어 맞잡은 공수자세로 붉은색 용상에 앉아 있어. 머리에는 익선관을 쓰고 파란색 곤룡포를 입었지. 익선관과 곤룡포는 임금의 평상복이야. 가슴과 양 어깨에는 황룡을 수놓은 보를 달았어. 발톱이 다섯 개인 오조룡이야. 임금을 상징하는 표시지.

곤룡포의 윤곽선이 딱딱해 보이고, 옷에는 주름이 거의 안 보여. 옷 색칠도 똑같은 진하기로 되어 있어. 조선 초기 초상화를 그리는 방법이지. 조선 후기에 그린 〈영조 어진〉을 보면 이렇지 않거든. 조선 후기 초상화는 옷 주름을 표현할 때 짙고 옅은 음영을 넣어 입체감을 살렸어. 〈태조 어진〉에 나타나는 딱딱한 선과 음영을 생략한 방식은 더욱 엄숙해 보이는 효과를 주지.

그리고 임금의 초상화는 여느 것과 다른 특징이 있어. 〈태조 어진〉에서도 드러나지. 바로 정면상이라는 거야. 어진은 정면상이 원칙이거든. 그리기 어

려운 방법인데 그 덕분인지 이성계의 늠름한 모습이 잘 드러났어. 용상에 딱 버티고 앉은 모습이 마치 뿌리 깊은 나무를 보는 듯해. 저런 분이 세운 나라니 조선이 500년 동안이나 이어졌겠지.

● **태조 어진**
조중묵 등, 1872년, 비단에 색칠, 218×150cm, 국보 제317호
전주 경기전에 보관된 태조 어진이야. 수염이 하얗게 센 걸로 보니 나이 든 모습을 그린 거야. 그렇지만 떡 벌어진 어깨, 큰 체구, 빛나는 눈빛은 보는 사람을 압도하고도 남아. 말을 타고 전장을 누비던 용맹한 장수의 기상이 배어 있지.

● **태조 어진 사진**
영흥 준원전에서 보관하던 어진인데 지금은 사진만 남았어. 경기전의 어진과 달리 수염이 검어. 젊었을 때의 모습이지. 얼굴도 광대뼈가 도드라지고 마른 모습이야. 1913년에 촬영된 사진이야.

이 어진은 1872년에 새로 그린 거야. 어진 제작의 모든 과정을 기록한 《어진이모도감도청의궤》에 영희전에 모시던 태조 어진이 매우 낡아서 희미해지자 새로 그렸다고 적혀 있어. 세상을 떠난 지 400년이 훨씬 지난 뒤야. 비록 조선 후기에 새로 그린 초상화지만 원본의 모습을 잘 유지했어. 조선 초기 초상화의 특징이 많이 남아 있거든.

태조 어진은 다른 어느 임금보다도 많아. 명종 임금 때만 해도 무려 26점의 초상화를 경복궁에 모셔 두었다고 해. 또 나라 곳곳에 진전을 만들어 모셔 두었지. 조선의 도읍지인 한양, 신라의 도읍지 경주, 고려의 도읍지 개성, 고구

려의 도읍지 평양, 이성계가 태어난 영흥, 전주 이씨의 본관인 전주의 경기전 등 여섯 곳이야. 그런데 그 많던 태조 어진이 다 없어졌어. 지금 남은 건 딱 한 점, 전주 경기전에 모셔 두었던 어진뿐이지.

◆ 가려 뽑은 어진화사

어진을 그리는 일은 굉장히 중요한 일이었어. 그런 만큼 엄격한 절차를 정해 놓고 순서에 따라 그렸지. 어진 제작의 명이 떨어지면 감독 기구인 어진도감부터 만들어. 책임자인 도제조를 포함하여 10명의 벼슬아치들이 일을 맡게 되지. 무엇보다 중요한 건 화가를 뽑는 일이야. 어진을 그리는 화가를 '어진화사'라고 해. 나라 안에서 가장 훌륭한 솜씨를 지닌 사람을 어진화사로 선발하지. 나중에 큰 상을 받기에 누구나 선망하는 자리야.

어진화사는 보통 도화서 화원 중에서 뽑지만 경우에 따라서는 외부에서 화가를 뽑기도 해. 잘 그린다는 소문만 있으면 누구나 추천을 받지. 큰 허물이 있는 화가는 아무리 그림을 잘 그려도 뽑지 않았어. 영조 임금 때 심사정은 그림 솜씨가 뛰어나 한때 어진화사가 되었어. 그런데 할아버지 심익창이 역모 사건에 관련되었다는 사실이 알려지자 바로 취소되었지.

어진화사는 한 명이 아니야. 적게는 4명에서 많게는 16명까지 돼. 각자 하는 일도 달라. 주관화사는 가장 중요한 얼굴을, 동참화사는 몸체나 옷, 바닥에 까는 자리 등을 그려. 수종화사는 물감을 섞거나 뒤치다꺼리를 했지.

◆ 임금님, 멋진 포즈를!

어진화사가 뽑히면 곧바로 그리기 시작해. 이때는 좋은 날짜와 시간을 택하지. 어진화사는 어진을 그리는 동안 몸과 마음을 깨끗하게 해야 돼. 쓸데없는 곳에 들락거리지도 못하게 했지. 그렇다고 제약만 있는 건 아니었어. 필요에 따라 많은 편리를 봐주기도 했지. 임금을 뵐 때는 예의를 갖춘 옷을 입어야 하지만 어진화사는 간편한 복장을 허락했지. 예를 들면 딱딱한 관대 대신 부드러운 천으로 만든 허리띠를 둘렀어. 관대가 그림에 스치면 그림이 망가질 수도 있으니까.

살아 있는 임금을 그릴 때는 임금이 직접 모델을 섰어. 임금이 모델이니 화가는 매우 불편했지. 임금 앞이라 늘 엎드려 그려야 했으니까. 임금은 높은 의자에 앉았으니 제대로 모습을 살필 수도 없잖아. 가끔은 허락을 얻어 일어서서 모습을 관찰하기도 했지. 임금이라고 점잖게 앉아 있지만은 않았어. 필요에 따라 자세를 바꾸기도 하고 수염을 잡아 늘어뜨려 보기도 했지. 필

● **어진화사 김은호**
창덕궁에서 관복을 입고 순종 임금의 어진을 그리는 어진화사 김은호의 모습이야. 김은호의 뒤에는 어진을 그릴 때 참고한 순종 임금의 사진이 보여.

요할 때마다 수시로 모델이 돼야 했어. 고종 임금은 50여 차례나 모델을 섰대.

그리는 도중이라도 임금과 신하들은 어진화사와 많은 토론을 했어. 얼굴색이 다르다, 갑자기 부스럼이 났으니 이건 그리지 말아라, 머리털에 백발이 있느냐 없느냐, 눈동자의 색깔은 황색이다, 점의 색깔이 너무 검다 등등. 갖은 정성과 노력을 들여야 어진이 완성되는 거야.

◆ 어진 봉안하기

어진을 다 그려도 중요한 절차가 더 남았어. 바로 봉안이야. 어진을 모시는 집인 진전에 예를 갖춰 들이는 일이지. '전'은 궁궐을 뜻하는 말이야. 어진이 봉안된 곳도 궁궐이나 마찬가지였거든.

〈태조 어진〉은 1872년 4월 7일에 그리기 시작했어. 여러 점을 함께 그렸는데 4월 30일 모든 어진을 완성했어. 여러 곳에 있는 진전에 한 점씩 봉안하면서 마지막으로 9월 27일 경기전까지 봉안을 마쳤지. 이때 원래 있던 낡은 어진은 깨끗하게 빨아서 말린 후 태웠다고 해. 태우고 남은 재는 땅속 깊이 묻었어. 낡은 어진 역시 엄격한 의례 절차를 거쳐 처리한 거야.

태조 어진은 여섯 곳에 봉안하였다고 했지? 서울(한양)의 문소전, 개성의 목

● **신연**

신연은 임금의 어진을 모시던 가마야. 어진을 옮길 때도 살아 있는 임금과 똑같이 가마에 태웠지.

● **경기전**
전주에 있는 경기전은 태조 이성계의 어진을 모시기 위해 만든 곳이야.

청전, 평양의 영숭전, 경주의 집경전, 영흥의 준원전, 그리고 전주의 경기전이야. 다른 임금의 어진도 궁궐 안에 진전을 따로 만들고 봉안했지. 경복궁의 선원전, 남별전(영희전) 등이지.

봉안된 어진은 1년에 여섯 번 제사를 지냈어. 설날, 한식, 단오, 추석, 동지 등 특별한 날이야. 살아 있는 임금의 어진은 상자 안에 넣어서 보관했고 임금이 세상을 뜨면 꺼내서 펼쳐 걸어 놓았지.

● **경기전에 봉안된 태조 어진**

어진은 살아 있는 임금과 똑같이 대접했어. 혹시라도 진전에 불이 나 어진이 탔을 경우 정말 임금이 죽은 것처럼 예를 다했어. 왕과 신하들이 소복을 입고 3일 동안 곡을 하며 위안제를 지냈거든. 행여 진전의 벽이 허물어지거나 나무가 부러져 큰 소리가 났을 때에도 어진이 놀랐을까 봐 위안제를 지냈다고 해. 어진에 대한 예우가 얼마나 중요했는지 알려 주는 일화야.

두 얼굴을 남긴 임금, 영조

◆ **불타 버린 상처, 철종 어진**

조선 500년 역사를 거쳐 간 임금은 모두 27명이야. 한 임금이 평균 서너 점만 그렸다고 쳐도 오늘날 100점이 넘는 어진이 남아 있어야 해. 그런데 이상하지. 현재 한 점이라도 어진을 남긴 임금은 태조, 영조, 철종, 고종, 순종 등 5명밖에 없거든. 그 많던 어진은 다 어디로 사라졌을까?

비밀의 해답을 보여 주는 예가 바로 〈철종 어진〉이야.

이 어진은 철종 임금의 31세 때 모습이지. 특이하게도 군복을 입고 있어. 보통 사람이 입는 군복에는 흉배를 달지 않아. 그렇지만 이건 임금이 입는 옷이야. 어깨와 가슴에는 임금을 상징하는 황룡이 그려진 보를 달았잖아. 젊을 때의 모습이라 수염과 눈썹이 검어. 눈썹도 매우 짙고 쌍꺼풀도 깊게 들어갔어. 요즘으로 말하면 꽃미남이지. 철종은 강화도에서 농사짓다가 온 시골 총각이었어. 생김새가 투박했을 거라는 선입견을 깨는 모습이야.

● **철종 어진**
이한철, 조중묵 등, 1861년, 비단에 색칠, 202×93cm, 보물 제1492호
젊은 나이라 그런지 수염이 검어. 바닥에 깐 화문석에도 발톱이 5개인 오조룡이 있고, 무관의 군복과 달리 가슴과 어깨에 보를 달았어. 타 버린 오른쪽 손에는 군복의 소품인 등채가 살짝 보여.

그런데 그림 상태가 매우 안 좋아. 왼쪽 3분의 1 가량 불 탄 흔적이 있거든. 6·25 전쟁 중 부산의 한 임시 창고에 보관했는데 옆에 붙어 있던 약품 회사에 불이 나는 바람에 같이 타 버려 이렇게 되었지. 우리 어진의 불행한 역사를 말해 주는 안타까운 상처야.

〈철종 어진〉만이 아니야. 그 많던 어진들이 모두 비슷한 운명을 겪었어. 우리나라 건물은 대부분 나무로 지었잖아. 어진을 보관하던 건물에 불이 나서 타버린 경우가 많았지. 우리나라는 수많은 전쟁도 겪었어. 난리 통에 없어져 버리기도 했지. 보관만 제대로 했더라도 우리 초상화의 역사는 더욱 빛났을 텐데……. 어진을 남긴 임금은 겨우 5명인데 운 좋게도 두 점이나 어진을 남긴 영광스런 사람이 있어. 21대 임금, 영조야.

◆ 붉은색 곤룡포, 영조 어진

영조는 83세로 세상을 뜰 때까지 무려 52년 동안 임금 자리에 있었어. 27명의 조선 임금들 중 가장 오랜 기간이었지. 이 어진은 51세 때의 모습이야. 영조가 죽고 약 130년 뒤인 1900년, 이름난 화가였던 조석진, 채용신이 그렸지.

익선관을 쓰고 붉은색 곤룡포를 입었어. 태조 임금의 곤룡포와 색깔이 다르지? 원래 곤룡포의 색깔은 붉은색이거든. 붉은색은 예로부터 잡귀를 쫓는 색깔로 여겼어. 또 남쪽을 상징하는 색이기도 해. 따뜻한 남쪽은 만물이 건강하게 자라는 곳이잖아. 그래서 붉은색을 쓴 거야. 그런데 이 어진은 윗몸만 나온 반신상이야. 어진은 전체 모습을 그리는 게 상식이거든. 왜 이 〈영조 어진〉은 반신상일까?

● **영조 어진**

채용신·조석진, 1900년, 비단에 색칠, 110.5×61.0cm, 보물 제932호

코와 눈, 코와 볼이 만나는 오목한 부분은 짙은 갈색으로 칠해 입체감을 주었어. 조선 후기 초상화를 그리는 기법이지. 태조와는 달리 매우 가냘픈 몸체야. 그렇지만 임금의 위엄이 엿보이는 모습이야.

정식으로 진전에 봉안한 어진이 아니기 때문이야. 영조 어머니인 숙빈 최씨는 미천한 무수리 출신이었어. 신분 때문에 죽은 다음에도 정궁에 들지 못하고 육상궁에 모셨지. 그러나 아무리 출신이 미천해도 어머니는 어머니야. 조선 시대에는 효도가 매우 중요했잖아. 돌아가신 다음에도 곁에서 부모를

모신다는 효심을 보여 주기 위하여 〈영조 어진〉도 함께 육상궁에 두었지. 육상궁은 정궁이 아니라서 어진도 간략하게 그려 반신상이 된 거야.

그래도 영조 임금을 꼭 닮았나 봐. 여러 신하들이 초상화를 보고 극찬을 했대. 영조는 꽤 까다로운 성격이었다고 알려져 있어. 위로 살짝 올라간 눈꼬리와 도톰한 입술이 그 성격을 그대로 보여 주는 것 같아.

◆ 뒷면에도 칠한 색, 배채

그림에 색을 칠할 때는 당연히 앞쪽만 하잖아. 신기하게도 우리 초상화는 뒤쪽에도 색칠을 했어. 이걸 '배채'라고 해. 우리 초상화 특유의 기법이야. 조금은 엉뚱한 발상이지. 왜 배채를 했냐고?

> 옛날 초상화를 보니 얼굴색을 칠할 때 모두 앞쪽에만 색칠해 오랜 시간이 지나니 박락이 심했다.

《승정원일기》에 나오는 기록이야. 영조 임금이 세조의 어진을 그리면서 신하들과 나누었던 이야기지. 여기에는 배채를 한 까닭이 잘 나타나 있어. 앞쪽에만 색칠하면 색이 쉽게 긁히고 바래지기 때문이야. 펼쳐놓을 때 주로 앞면이 보이니까 그만큼 훼손될 가능성도 많지. 그래서 뒤에도 색칠해 더 오랫동안 색이 살아 있도록 했던 거야.

배채한 〈영조 어진〉을 볼게. 수염 부분만 빼고는 앞쪽과 거의 똑같이 색칠했어. 익선관은 검게, 얼굴은 살구색, 목의 깃은 하얀색, 곤룡포와 보도 원색

● 배채한 영조 어진

뒷면에서 색칠한 모습이야. 이목구비와 수염만 빼고 앞면과 거의 비슷한 색과 진하기로 색칠했어. 이렇게 배채를 하면 은은한 색깔이 오랫동안 유지되지.

을 살렸어. 이렇게 칠한 후 다시 한 번 앞쪽에서도 정교하게 칠하는 거야.

배채를 하면 또 하나 좋은 점이 있어. 우리 초상화는 주로 비단이나 종이에 그렸잖아. 뒷면에 색칠해 봐. 비단 올 사이나 얇은 종이를 통해 색깔이 앞쪽까지 비치거든. 한결 색상이 은은해 보이겠지. 그래서 배채는 얼굴 피부색을 나타내는 데 좋은 방법이야. 〈영조 어진〉도 배채 덕분에 더욱 선명하고 은은한 색상 효과를 볼 수 있지.

우리 초상화는 눈에 보이지도 않은 정신까지 중요하게 여겼잖아. 배채 역시 눈에 보이지 않은 뒤쪽을 잘 활용했어. 보이지 않는 곳까지 세심하게 배려한 옛사람들의 태도까지 알 수 있지.

◆ 왕자의 초상, 예진

영조 임금은 또 하나의 어진이 있다고 했지? 그런데 왕이 아니라 왕자 때의 모습이야. 왕자의 초상화는 '예진'이라 부르지. 이 초상화도 부산의 창고 화재 때 불탄 흔적이 남아 있어.

● **연잉군 초상**
박동보, 1714년, 비단에 색칠, 183×87cm, 보물 제1491호
영조의 원래 이름은 '이금'이야. 6세 때 정식 왕자로 봉해지면서 연잉군이라는 호칭을 얻었지. 왕이 되기 약 10년 전인 21세 때의 모습이야.

임금이 아니니 오사모를 쓰고 단령을 입었어. 가슴에는 백택이 그려진 흉배가 달려 있어. 사자를 닮은 백택은 왕자를 상징하는 상상의 동물이지.

수염 숱이 셀 수 있을 정도로 적어. 나이가 젊으니까 그래. 달걀처럼 갸름한 얼굴에 턱도 뾰족하게 생겼어. 눈썹, 눈매, 코가 나중에 그린 〈영조 어진〉을 꼭 닮았지. 이 초상화는 1714년에 그렸어. 숙종이 큰 병에 걸렸는데, 연잉군이 8개월 동안 지극정성으로 간호하자 상으로 내린 거야. 세상을 떠난 뒤에 그린 〈영조 어진〉과는 달리 연잉군이 살아 있을 때 직접 보고 그렸지.

연잉군 얼굴이 매우 신중하게 보여. 어찌 보면 굉장히 연약한 인상이기도 해. 앞을 바라보는 눈이 무척 불안해 보이잖아. 그럴 수밖에. 이때는 연잉군의 처지가 매우 불안한 때였으니까. 정식 왕비의 자식도 아닌데다가 누가 숙종 임금의 뒤를 이을 것인지로 시끌시끌했으니 자칫하면 목숨까지도 위태로운 상황이었지. 우리 초상화는 주인공의 마음까지 그려 낸다고 했잖아. 한치 앞도 내다볼 수 없이 불안한 상황에 있던 연잉군의 심리를 잘 표현한 초상화야.

황제가 된 임금, 고종

◆ 임자생 갑자등극

고종은 44년이나 왕위에 있었어. 그렇지만 그다지 편한 삶은 아니었지. 12세의 어린 나이로 임금이 되었기에 처음 10년 동안은 아버지 이하응이 섭정을 했고, 나중에는 아버지와 왕비의 권력 다툼을 지켜봐야 했으며, 이웃인 청나라, 일본, 러시아의 등쌀에 시달림도 많이 받았거든. 나름대로 국권을 지키려고 나라 이름을 대한제국으로 바꾸고 황제라고 불러도 보았으나 기울어 가는 조선의 운명을 막지 못했어. 결국 1905년 을사조약으로 실제 통치권을 일본에 빼앗긴 후 아들 순종에게 왕위를 넘겨주고 말았지.

● **고종의 가족사진**
1918년에 촬영한 사진이야. 가운데가 고종, 좌우로 아들 순종과 순정효 황후가 앉았어. 그 옆은 의민 황태자(영친왕)와 덕혜 옹주야.

● **고종 어진**
채용신, 20세기 초, 비단에 색칠, 118×68.8cm

화문석을 깔고 붉은 용상에 앉은 모습이야. 어김없이 용상에는 황제를 뜻하는 황룡이 네 마리 조각되었어. 공수자세를 취하던 손을 자연스럽게 바깥으로 빼내어 그렸네. 조선 후기로 내려올수록 초상화를 그리는 방법도 많이 달라진 거야.

고종의 어진은 여러 점이야. 불과 100년 전에 살았던 사람이니 초상화가 많이 남았지. 그 가운데 가장 유명한 초상화는 채용신의 작품이야. 검은 익선관을 쓰고 황색 곤룡포를 입은 채 용상에 앉은 모습이지. 부드러운 얼굴이 마치 마음씨 좋은 이웃 아저씨 같아. 그렇지만 힘든 일을 많이 겪어서인지 지친 표정이 역력해. 초상화에는 그 사람의 마음이 드러난다고 했는데 이걸 보니 꼭

맞는 말 같아.

왜 고종 임금은 황색 곤룡포를 입었을까? 고종은 1897년 나라 이름을 대한 제국으로 바꾸었잖아. 중국의 영향에서 벗어나 황제의 나라가 된 거야. 황제는 황색 곤룡포를 입거든. 그러고 보니 이제까지 본 어진의 옷차림이 모두 달랐네. 태조는 파란색 곤룡포, 영조는 붉은색 곤룡포, 철종은 군복, 그리고 고종은 황색 곤룡포. 임금의 옷차림이 다양하게 변해 왔다는 사실을 알 수 있지.

● 호패 부분
조선 시대에 16세가 넘는 남자들이면 다 차는 호패야. 여기에는 고종이 태어난 해와 임금이 된 해를 기록했어.

재미있는 장면이 하나 있어. 양 무릎 사이에 놓인 갈색 술 사이로 뭔가 삐죽 머리를 내밀었지? 지금의 주민등록증과 같은 호패야. 여기에 이렇게 적혔어.

'임자생 갑자등극'

임자년인 1852년에 태어나서 갑자년인 1864년에 왕이 되었다는 뜻이야. 고종의 중요한 이력이 단 일곱 자로 표현되어 있어. 임금님의 주민등록증을 보는 게 참 신기해.

◆ 서양화가가 그린 어진

원래 어진은 함부로 그리질 않았지. 그런데 조선 말기가 되자 이런 원칙이 느슨해졌어. 여느 그림마냥 개인적으로 어진을 갖는 화가까지 나타났거든. 서양화가 휴버트 보스도 그런 경우야.

휴버트 보스는 신혼여행으로 조선에 왔다가 명성 황후의 사촌 동생 민상호의 초상을 그리게 돼. 프랑스 파리에서 열리는 만국 박람회의 '다양한 민족의 모습 전시회'에 출품하기 위해서야. 이 초상화가 어쩌다 고종의 눈에 띄게 돼. 휴버트 보스는 이 일을 자서전에 이렇게 기록했어.

> 고종 황제께서 민상호의 초상화를 보신 후 황제 폐하 및 황태자의 실물 크기 전신 초상화를 그리라는 어명을 하셨다. 나는 따로 갖기 위해 초상화 한 점을 더 그려도 좋다는 허락을 받았다.

● **민상호 초상**
휴버트 보스, 1898년, 캔버스에 유채, 76.5×61cm
29세의 민상호야. 비록 젊은 나이지만 많이 배운 학자의 기품이 넘쳐. 재미있게도 오른쪽에 '휴벗 보스'라는 한글 이름이 적혀 있어. 정말 휴버트 보스의 서명일까?

고종은 민상호의 초상화가 무척 마음에 들었던 거야. 낯선 외국인 화가에게 자신의 어진을 선뜻 맡겼으니까. 더구나 어진을 따로 갖고 싶어 하는 소원까지 들어 주었어. 그림 솜씨 말고도 인간적인 호감까지 느낀 거지. 이때는 서양 문물이 많이 들어오던 때라 외국인에 대한 거부감도 그리 크지 않았거든. 고종 역시 서양에서 들어온 커피도 매우 즐겨 마셨다니까.

기록에 적힌 대로 보스는 고종 임금의 초상화를 한 점 더 그렸어. 이 초상화는 지금까지 보스의 집안에서 대대로 고이 보관해 왔지. 지금 우리가 보는 바로 이 초상화야. 궁궐에 보관했던 고종과 황태자의 초상은 어디 있냐고? 안타깝게도 1904년 덕수궁 화재 때 불타고 말았어.

● **고종 어진**
휴버트 보스, 1898년, 캔버스에 유채, 199×92cm
길이가 2미터에 가까운 실물 크기의 초상화야. 고종 임금의 47세 때의 모습이지. 엄숙한 느낌의 정식 초상화가 아니라 마치 스케치하듯 그린 그림이야. 가슴에 단 보에는 용과 더불어 대한 제국을 상징하는 태극 문양이 그려져 있어.

휴버트 보스는 서양화가답게 조선의 물감이나 먹을 쓰지 않고 서양 물감을 썼지. 특이하게도 고종은 서 있어. 우리 어진에는 이런 모습은 볼 수가 없지. 임금의 위엄이 별로 느껴지질 않거든. 휴버트 보스는 존엄한 임금이 아니라 한 인간의 모습을 강조한 거야. 만국 박람회에서 세계 여러 인종을 보여 주는 전시회에 출품하려 했기 때문이지. 비록 임금의 옷차림이지만 한 사람의 평범한 조선인이 되었어. 뒷배경이나 화려한 장식물을 없앤 것도 이런 뜻을 강조하기 위해서야. 전통적인 어진을 대하는 입장에서 보면 무척 불경스런 생각이었지.

◆ 마지막 황제 순종

마치 외국 사람을 보는 것 같지? 턱수염 대신 코밑에 멋진 카이저수염을 길렀잖아. 머리는 상투까지 삭뚝 자른 신식이야. 익선관도 벗어 버리고 곤룡포 대신 대원수 군복을 입었어. 1899년부터 대한제국 황제의 평상복이 대원수 군복으로 바뀌었거든. 다른 어진과는 느낌도 좀 달라. 정본이 아닌 초본이거든.

● **순종 어진 초본**
김은호, 1913년, 종이에 색칠, 59.7×45.5cm
순종은 대한제국이자 조선의 마지막 임금이야. 대한제국이 망하고 3년 뒤인 1913년에 그린 초상화지. 아쉽게도 정본은 불타 없어져 버리고 초본만 남았어. 아버지 고종을 닮아서 그린지 마음씨가 좋은 아저씨 같은 인상이야.

얼굴은 자세히 그렸지만 몸체는 간단한 선으로 가닥만 잡았어. 당시 혜성처럼 등장한 젊은 초상화가 김은호의 솜씨야. 김은호는 스무 살 남짓한 나이에 벌써 어진을 그리는 영광을 누렸어. 그만큼 솜씨가 좋았다는 말이지.

이 어진은 전통적인 초상화에서 근대적인 초상화로 넘어가는 모습을 보여 주고 있어. 마치 사진이라도 찍은 듯한 모습이잖아. 김은호가 초상화를 그릴 무렵엔 사진기가 등장했어. 그래서 초상화를 그릴 때 사진을 많이 활용했거든. 실제로 이 초상화와 똑같은 사진이 전해지지.

정말 보고 베낀 것 같지? 사진을 자세히 보면 오른쪽 얼굴은 밝고 왼쪽 얼굴에는 그림자가 졌어. 화면 왼쪽에서 오른쪽으로 조명을 비추었기 때문이

● **순종 황제의 사진**
1909년에 찍은 사진이야. 왼손에 칼을 쥐고 서양식 의자에 앉았어. 옆의 탁자에는 벗어 놓은 모자도 보여. 이 사진을 참고하여 초상화를 그린 거야. 이때는 사진술이 본격적으로 도입되기 시작했기에 사진을 활용한 초상화가 많이 생겼지.

야. 초상화의 얼굴도 그래. 사진을 보고 그렸으니 명암도 따라 그렸던 거지. 사진을 잘 활용한 근대적인 초상화 기법을 보여 주는 작품이야.

그래도 아쉬운 마음은 감출 길 없어. 무엇보다 순종 황제의 옷차림 때문이야. 아무리 대원수 군복이라지만 곤룡포보다 어색해 보이거든. 고추장 대신 토마토케첩을 넣은 비빔밥 같다고나 할까. 마치 낯선 외국인이 우리를 쳐다보는 느낌이야. 우리 얼굴에는 역시 우리 옷차림이 어울리는데. 더구나 초상화를 그렸던 1913년은 조선이 망하고 3년 뒤야. 예전 황제의 위엄을 살려 보려했다지만 어쩐지 슬퍼 보이는 건 무슨 까닭일까.

더 생각해 보기

어진화사의 월급은 얼마?

어진화사도 어진을 그릴 때만은 월급쟁이였어. 매월 초에 정해진 액수의 월급을 받았거든. 물론 돈이 아니라 쌀과 옷감으로 말이야. 옛날에는 쌀과 옷감이 곧 돈이었잖아. 어진화사의 월급은 얼마였을까?

1688년, 숙종 때 태조 이성계의 어진을 그린 적이 있거든. 이때 어진 제작의 전 과정을 《영정모사도감의궤》에 기록했지. 여기에 화원의 월급이 적혀 있어.

화원은 쌀 열두 말과 옷감 한 필을 받았어. 옛날과 오늘날의 들이 단위가 달라서 정확한 양을 모르지만 대략 쌀 한 가마니 정도야. 많이 받은 건 아니지만 그렇다고 적게 받은 것도 아니야.

어진을 만들려면 화가 말고도 여러 기술자들이 동원돼. 족자 기술자, 영정함 기술자, 장신구를 만드는 기술자 등등. 이런 사람을 '공장'이라고 해. 공장들에게는 쌀 여섯 말과 옷감 한 필을 주었어. 화원은 공장보다 두 배나 더 받은 거지. 뒤치다꺼리를 담당했던 잡일꾼들인 '모군'은 쌀 세 말과 옷감 세 필이었어. 월급 액수는 1688년 태조의 어진을 그릴 때부터 시작해서 150년 뒤에 다시 태조 임금의 어진을 그릴 때까지 변하지 않았어. 돈이 아니라 쌀과 옷감으로 주었기 때문이지.

어진화사들에게는 이런 월급보다 어진 제작이 끝나고 받는 상이 더 중요했어. 생각지도 않은 큰 선물이거든. 상의 종류에는 여러 가지가 있어. 벼슬을 올려 주거나 품계를 올려 주기도 했고, 지방 벼슬아치로 임명하거나 급여를 더 쳐

주기도 했지. 이밖에 쌀과 옷감을 좀 더 주는 것, 어린 말을 주는 것 등이었지.

예를 들어 볼게. 1748년, 영조 임금 때 이미 세상을 떠난 숙종 임금의 어진을 제작했어. 이때 어진화사는 모두 8명이었어. 주관화사 장경주, 동참화사 김희성, 정홍래, 진응희, 장득만, 수종화사 함도홍, 김덕하, 박태환이었지.

어진 제작이 끝난 후 주관화사 장득만에게는 첨사 벼슬을, 김희성은 국경 수비를 담당하는 벼슬을, 정홍래와 김덕하는 무관 벼슬을 내렸지. 그리고 진응희에게는 말 한 필을, 박태환에게는 어린 망아지를 상으로 주었어. 특히 장득만은 세 번째 어진화사로 뽑혔기에 공이 크다고 품계를 세 단계나 올려 주었지.

어진을 그리지는 않았지만 감독관 역할을 하였던 사람들에게도 상을 주었어. 감독관인 조영석은 벼슬을 올려 주었고 부감독관인 윤덕희는 품계를 6품으로 올려 주었지. 모두 어진 제작이라는 큰일을 마친 데 대한 공이었어. 이런 큰 상을 받았기에 너도 나도 어진화사가 되려고 애썼던 거야.

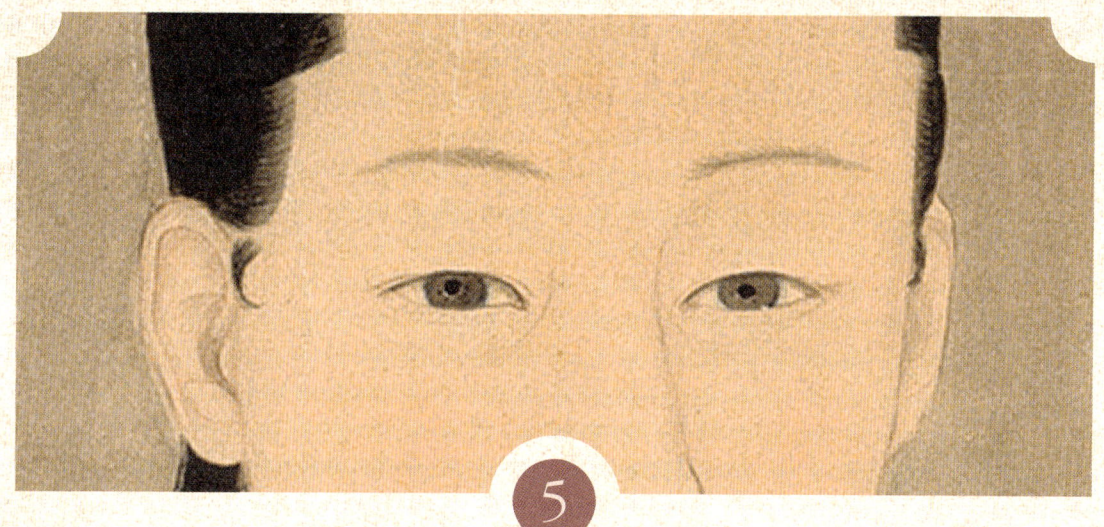

5
· 여인의 방 ·
선택받은 여인들

조선 시대 초상화의 주인공은 거의 남자야. '남녀칠세부동석' 이라는 말 알지? 일곱 살만 되면 남녀가 한자리에 같이 앉지도 못했지. 조선 시대에는 남녀를 엄격하게 구별하는 풍습이 있었거든. 그래서 여인 초상화도 없어. 여인이 초상화를 그리려면 낯선 남자 화가와 마주 앉아야 했잖아. 도저히 용납할 수 없는 일이었지. 그렇지만 여기에도 예외는 있어.

의로운 일을 한 여인

◆ 남자 화가와 마주 앉지 말라

● **미인도**
신윤복, 19세기 초, 비단에 색칠, 114.2×45.7cm
초승달 같은 눈썹, 마늘쪽 같은 코, 앵두 같은 입술, 그야말로 그림 속에서나 있을 법한 미인이야. 노리개를 만지작거리는 모습에서 수줍음이 묻어 나와.

무척 아리따운 여인이야. 낯익은 그림이지? 조선 미인의 아름다움은 물론 수줍은 마음까지 그려 냈다는 작품이잖아. 그림 속에 이렇게 쓰여 있어.

> 내 가슴에 사랑하는 마음이 있어 실제 모습과 똑같이 그릴 수 있었다.

그래. 화가 신윤복이 열렬히 사랑했던 여인의 초상화야. 이런 사이니 겉모습은 물론 속마음까지 완벽하게 담아낼 수 있었겠지. 그런데 조선 시대 여인 초상화 중에는 이런 명작이 드물어. 명작은 고사하고 아예 여인 초상화 자체가 없어. 다 모아 봐야 겨우 한 손으로 꼽을 정도거든. 조선 시대에는 여인 초상화를 그릴 수 없었기 때문이야. 왜냐고?

초상화를 그리려면 남자 화가와 마주 봐야 하잖아. 조선 시대는 남녀 구별이 무척 엄격했던 사회야. 오죽했으면 '남녀칠세부동석'이라는 말까지 생겼

겠니. 여인이 낯선 남자 화가와 얼굴을 맞대고 초상화를 그린다는 건 꿈도 못 꾸는 일이야. 남녀 구별이 아니라 남녀 차별이었지. 그런데 이 초상화는 어떻게 그렸냐고?

초상화의 주인공은 기녀야. 기녀는 노래와 춤으로 잔치나 행사에서 흥을 돋우는 여인들이잖아. 신윤복은 떠돌이 생활을 했기에 기녀방에 드나들 기회가 많았어. 자연스레 이들과 어울리며 친하게 지냈지. 서로 낯익은 사이니까 과감하게 초상화도 그리게 된 거야.

● **연못가의 놀이**

신윤복, 19세기 초, 종이에 색칠, 28.2×35.2cm, 국보 제135호

신윤복이 그린 풍속화에도 기녀들이 자주 등장해. 여기는 양반 세 명과 기녀 세 명이 함께 어울렸어. 예쁜 연꽃이 핀 연못가에 기녀가 연주하는 멋진 가야금 소리가 울려 퍼지고 있네.

◆ 나라를 구한 계월향

비록 여인이라도 초상화를 그리는 경우가 있어. 아주 특별한 경우에만 해당되지. 평양 기녀 계월향의 초상화가 그래. 계월향은 '의기'라고 일컬어. 의로운 일을 한 기녀라는 뜻이지. 그림 속에 이렇게 쓰여 있거든.

> 임진년(1592년), 왜군이 평양성을 점령하자 평양 기녀 계월향이 김경서 장군과 꾀를 내어 왜군 장수를 목 베니 사람들이 지금까지 의롭게 여긴다. 을해년(1815년) 여름, 초상화를 그려 장향각에 걸고 해마다 한 차례 제사를 지낸다.

그래. 계월향은 임진왜란 때 꾀를 내어 왜군 장수를 죽인 기녀야. 안타깝게도 자신은 빠져나오지 못하고 죽고 말았지. 남자도 힘든 일을 여인의 몸으로 해냈어. 비록 기녀지만 충분히 존경받을 만한 자격이 있지. 그래서 계월향을

● **계월향 초상**

그린이 모름, 1815년, 비단에 색칠, 105×70cm
좁은 화문석 위에 한쪽 무릎을 세운 채 다소곳한 자세로 앉은 모습이야. 용감한 일을 한 여인이지만 남자들처럼 당당한 모습은 아니네.

기리는 뜻으로 초상화를 그렸어. 다른 여인들이 본받으라는 의도도 있겠지.

초상화는 계월향이 죽은 해인 1592년이 아니라 약 200년 뒤, 1815년에 그렸어. 화가가 직접 마주 볼 일이 없으니 편한 마음으로 그렸을 거야. 얼굴 모습은 진짜 계월향과 많이 다르겠지. 화가는 진짜 계월향의 얼굴이 아니라 사람들이 바라는 이상적인 여인의 모습을 상상해서 그렸거든.

◆ **아기를 안은 운낭자**

비슷한 일로 그린 초상화가 한 점 더 있어. 이번엔 아기까지 안은 모습이야. 여인의 이름은 최연홍, 흔히 운낭자로 부르지.

운낭자는 평안도 가산 고을의 기녀였어. 1811년 홍경래의 난 때 싸우다 죽은 가산 군수의 시신을 거둬 장례를 치렀고 군수의 아우까지 구출해 냈지. 《조선왕조실록》에도 기록될 정도로 장한 일이었어. 이런 여인을 그냥 둘 리 있겠어? 계월향처럼 사당에 모시고 제사를 지내려고 초상화를 그렸지. 이 초상화도 홍경래의 난이 일어나고서 약 100년 뒤에나 그렸어. 역시 진짜 운낭자의 얼굴이 아니야.

● **최연홍 초상**
채용신, 1914년, 종이에 색칠, 120.5×62.5cm

조선 말기의 초상화가 채용신의 솜씨야. 굳센 의지가 느껴지는 얼굴 모습을 잘 표현했어. 역시 이상적인 여인의 모습을 상상하여 그렸지. 그리고 이 그림은 조선 시대 유일하게 어린아이를 그린 초상화야. 왜 어린이 초상화가 없는 줄 아니? 초상화는 숭배의 대상이라고 했잖아. 어린이는 그런 대상이 아니니까.

사실 이 초상화는 함께 있는 아기가 더 유명해. 포동포동 살진 모습이 참 귀엽지? 운낭자의 아들이래. 아랫니 두 개, 윗니 네 개가 났으니 이제 겨우 돌 지난 아기겠지. 그런데 얼굴은 한참 나이 들어 보여. 아이를 그릴 기회가 별로 없으니 서툴게 그렸지 뭐. 대체 아기는 왜 그린 걸까?

물론 운낭자가 아기 엄마니까 함께 그렸겠지. 그렇지만 매우 파격적인 주장도 있어. 놀랍게도 서양의 '성 모자상' 영향을 받았다는 거야. '성 모자상'은 마

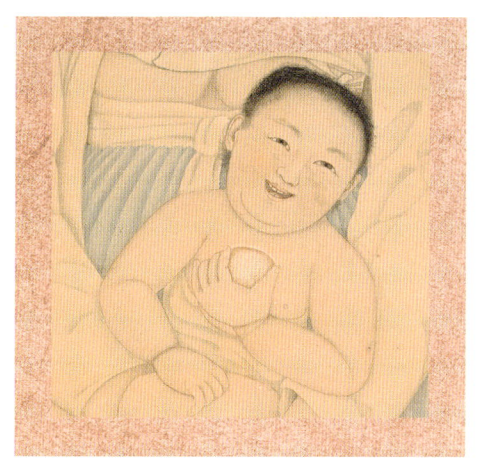

리아가 어린 예수를 안고 있는 모습이야. 서양 문물이 물밀 듯 밀려오던 때 '성 모자상'을 본 화가 채용신이 호기심이 생겨 모델로 삼았다는 거지. 아기가 손에 든 둥근 물건은 뭐냐고? '성 모자상'에도 사과를 들고 있는 예수가 있거든. 그걸 흉내 냈다는군.

가문을 빛낸 여인

◆ 오래오래 사세요

 계월향, 운낭자는 모두 의로운 일을 한 여인들이잖아. 게다가 나이도 젊은 축이야. 하지만 의로운 일을 한 적도 없는데도 초상화를 그린 경우가 있어. 나이도 많고 말이야. 이번에 만나 볼 복천 오부인은 옛날 사람으로는 드물게 86세까지 장수했지. 영조 임금은 기념으로 비둘기 장식이 달린 지팡이까지 하사했어. 장수한 어르신들에게는 의자나 지팡이를 선물하는 전통이 있었거든. 가운데 보이는 쭉 뻗은 지팡이가 바로 그거야. 임금님께 받은 하사품이니 얼마나 경사스러운 일이겠어. 집안 자랑도 하고 오부인도 더 오래 사시라는 뜻에서 초상화를 그렸지.

 그런데 문제가 생겼어. 계월향과 운낭자는 죽은 뒤에 그려서 화가와 마주 앉을 일이 없었잖아. 이 초상화는 살아 있는 여인과 마주 보며 그려야 했어. 이 시기에 어떻게 그런 일이 가능했을까?

 화가 강세황과 오부인 집안의 두터운 친분 덕택이야. 강세황은 혼인 문제로 오부인 집안과 깊은 인연을 맺었거든. 그러니 오부인과 마주 앉는 일이 그리 어렵지 않았을 거야. 또 오부인은 나이가 워낙 많잖아. 아무래도 젊은 여인보다는 편했겠지. 다른 초상화에서는 볼 수 없는 휘장도 드리워져 있지? 초

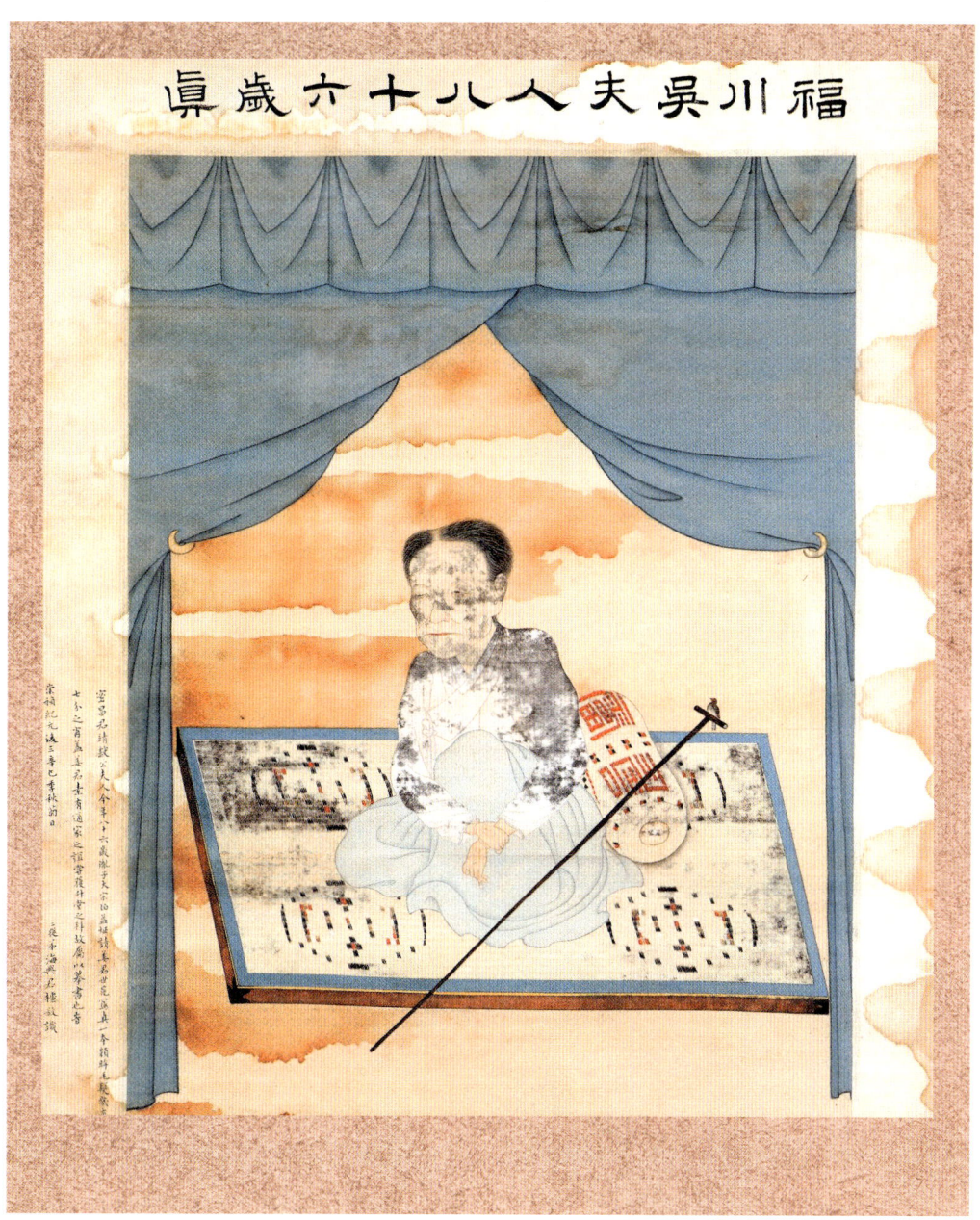

● **복천 오부인 초상**

강세황, 1761년, 비단에 색칠, 78.3×60.1cm

계월향과 비슷한 자세로 앉았어. 마른 손, 좁은 어깨, 몸을 앞으로 구부린 자세, 쑥 빠진 머리털, 축 처진 왼쪽 눈꺼풀은 나이 많은 여인의 모습을 잘 나타내 줘. 유명한 화가 강세황의 작품이야.

상화를 그릴 때 필요에 따라 드리우고 걷고 했을 거야. 아무리 친해도 결국 남녀 사이니까. 휘장은 그림을 보는 사람들의 눈길도 한결 누그러뜨리는 효과를 주지.

◆ 당당한 부부 초상화

조선 시대에도 처음부터 여인 초상화가 없었던 건 아니야. 초기만 하더라도 거리낌 없이 그렸지. 심지어 남편과 함께 그린 부부 초상화도 있거든. 조반의 부인이었던 이씨의 초상화가 대표적이지.

● **조반 부인 초상**
그린이 모름, 조선 후기, 비단에 색칠, 88.5×70.6cm

옷차림이 좀 낯설지? 그림은 조선 후기에 다시 그린 거지만 조반 부인은 조선 초기 사람이거든. 옷차림에서도 고려의 풍습을 볼 수 있어. 초상화 기법 역시 고려 시대 흔적이 남았지. 옷이나 얼굴 주름도 단순한 선을 사용했고 음영법을 쓰지 않아 입체감도 느낄 수 없거든.

남편 조반은 조선을 세우는 데 공이 컸던 사람이야. 세 명의 아들도 모두 높은 벼슬에 올랐지. 이건 남편 혼자만의 공이 아니야. 부인의 역할도 매우 컸어. 그래서 부부가 함께 초상화를 남겼지. 이때만 해도 여인들도 차별 없이 초상화를 그렸다는 증거야. 이씨

● **조반 초상**

그린이 모름, 조선 후기, 비단에 색칠, 88.5×70.6cm

부인 이씨의 모습과 닮지 않았니? 얼핏 보면 친남매처럼 느껴질 정도야. 실제 초상화의 크기도 남편과 부인이 똑같아. 여인이라도 차별받지 않았어.

부인의 모습 좀 봐. 계월향이나 오부인처럼 다소곳한 모습이 아니잖아. 당당히 어깨를 펴고 앞을 바라보고 있지.

부부가 함께 초상화를 그린 건 고려 시대의 전통이야. 고려 시대에도 공민왕과 노국 공주를 비롯한 많은 부부 초상화가 있었거든. 이런 전통은 조선 초기까지 이어졌어. 그때까지는 여인들의 위상도 높았다는 말이지. 결혼을 해도 남자들이 오히려 몇 년씩 처가살이를 했거든. 여자들은 재산 상속도 똑같이 받았고 제사도 함께 지냈어. 그런데 시간이 지날수록 사정은 변하게 돼. 점차 유교가 나라의 지배적인 이념으로 자리 잡자 남녀의 구별이 엄격해졌지. 여인은 초상화조차 함부로 그릴 수 없게 된 거야. 그러니 여인 초상화가 귀할 수밖에.

> **더 생각해 보기**

여인들도 제사를 지냈다고?

출가외인, 삼종지도, 여필종부.

좀 어려운 한자어지? 한마디로 여자는 남자에게 순종해야 한다는 뜻이야. 심한 차별을 받았던 조선 시대 여인의 처지를 나타내는 말이지. 조선 시대 남자들은 정식 부인 말고도 여러 명의 부인을 둘 수 있었으나 여자들은 평생 한 남자와 살아야 했어. 남편이 죽어도 재혼이 불가능했지. 재혼한 본인은 물론 자녀들까지 차별받았으니까.

조선 시대에는 제사가 매우 중요한 행사였잖아. 이 일도 모두 남자들 몫이었어. 주로 맏아들을 중심으로 제사를 맡는 것이 대물림 되었지. 재산 상속을 받을 때도 여자들은 차별을 받았어. 남자들보다 적게 받거나 아예 받지 못했거든. 그런데 이런 현상은 대부분 조선 후기의 일이었어. 조선 전기만 해도 여자들은 남자와 똑같은 권리를 누렸고 차별받지 않았거든.

결혼식부터 달랐지. 조선 전기에는 대부분 결혼식은 여자 집에서 했고 남자는 몇 년 동안 거기서 살았어. 이이, 송시열도 모두 외가에서 자랐지. 아버지가 처가살이를 했거든. 그래서 이때는 결혼을 뜻하는 말이 '장가간다' 였어. 장가는 신부의 아버지인 장인의 집에서 산다는 뜻이야. 옛날에는 남편을 서방님으로 불렀잖아. 여자 집에서는 결혼한 사위에게 방을 내주었는데 주로 서쪽 방이었지. 그래서 '서방님' 이라는 말이 생기게 된 거야.

또 제사를 모시는 일도 남녀 구별이 없었지. 아들딸 구별 없이 모든 자녀들이 돌아가면서 한 번씩 제사를 맡았거든. 재산 상속도 마찬가지야. 아들딸 구별 없이 똑같이 재산을 분배했어. 여자가 결혼을 해도 남편 재산이 되는 게 아니라 부인 재산으로 따로 관리했지. 만약 자식 없이 여자가 죽으면 그 재산은 친정집으로 다시 되돌려 주었대. 재산권을 보장받았다는 말은 여인의 권리가 그만큼 컸다는 뜻이야.

족보에 오르는 것도 남녀 구별 없이 나이순으로 기록했어. 여자가 재혼을 해도 전남편과 나중 남편 모두 기록했대. 과부의 재혼을 막았던 조선 후기에 비하면 여자들의 위상이 상당해 자유로웠지. 하지만 성리학의 규범이 완전히 자리잡아 가면서 남녀유별이 유난히 강조되었어. 구별이 아니라 여인들이 차별받는 쪽으로 나아간 거지. 결국 여자는 낯선 남자와 마주하는 일조차 금기시되고 초상화조차 그릴 수 없는 형편으로 바뀐 거야.

・화가의 방・
나는 초상화가다

이번엔 초상화를 그린 화가들을 만나 볼 차례야. 초상화를 잘 그린 화가 중에는 도화서 화원 출신이 많아. 이들 가운데 솜씨가 뛰어나면 어진화사로 뽑히기도 했지. 대표적인 사람이 이명기야. 도화서 화원이 아니더라도 훌륭한 솜씨를 발휘한 화가들이 있어. 임희수는 천재 화가로 불렸고 채용신은 특이하게도 무관 출신이었지. 이 화가들이 그린 초상화는 어떨까?

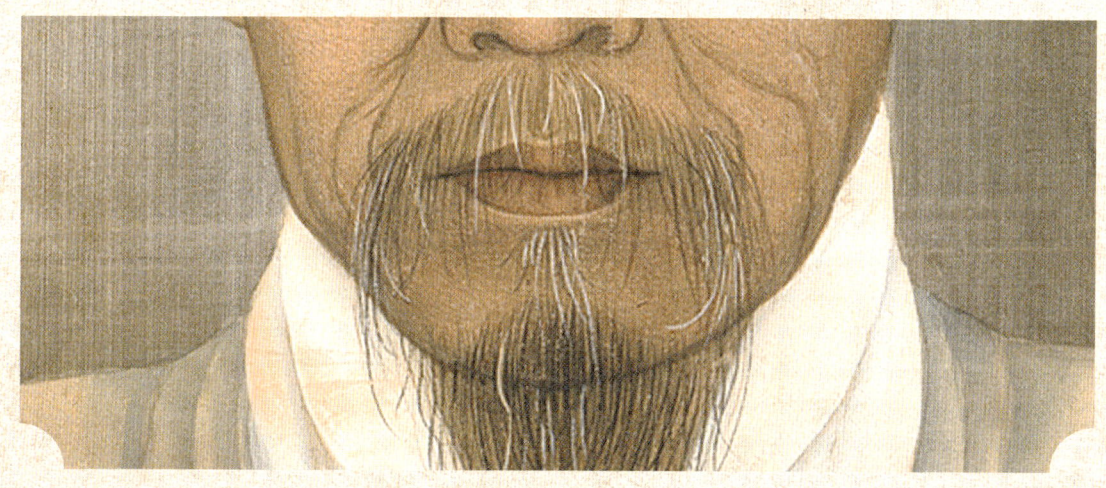

최고의 초상화가
이명기

◆ 두 번 뽑힌 어진화사

앞서 보았던 허목, 윤증, 강세황의 초상화 기억나니? 누가 그렸지? 김홍도와 함께 서직수의 초상화도 그린 화가잖아. 그래, 이명기야. 그러고 보니 유명한 초상화는 죄다 그렸네.

이명기는 도화서 화원이었어. 아버지는 물론 아들, 동생까지 온 집안사람들이 화원이었지. 화원은 전문직이라 대를 이어 가며 했거든. 도화서 화원들은 나라에 필요한 온갖 그림을 다 그려야 했는데 이명기는 특히 초상화를 잘 그렸어. 1791년과 1796년, 두 차례에 걸쳐 정조 임금의 초상화를 그리기도 했지. 어진화사가 된 거야. 1791년에는 유명한 김홍도와 함께 어진화사로 뽑혔는데 나이가 열한 살이나 많은 김홍도를 제치고 주관화사까지 되었지. 얼굴을 매우 잘 그렸거든. 아쉽게도 그때 그렸던 〈정조 어진〉은 지금 남아 있지 않아.

이명기는 정조가 아끼던 신하들의 초상화를 주로 그렸어. 허목, 윤증, 강세황 등등. 임금의 신임을 한 몸에 받았다는 증거야. 권세깨나 있는 양반들도 초상화라면 모두 이명기에게 부탁했을 정도로 솜씨가 뛰어난 초상화 전문 화가였지.

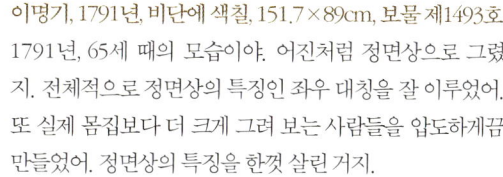

● **오재순 초상**

이명기, 1791년, 비단에 색칠, 151.7×89cm, 보물 제1493호

1791년, 65세 때의 모습이야. 어진처럼 정면상으로 그렸지. 전체적으로 정면상의 특징인 좌우 대칭을 잘 이루었어. 또 실제 몸집보다 더 크게 그려 보는 사람들을 압도하게끔 만들었어. 정면상의 특징을 한껏 살린 거지.

◆ 걸작 오재순 초상

반듯한 자세로 의자에 앉아 똑바로 앞을 바라보는 모습이 예사롭지 않아. 근엄하면서도 겸손한 성품이 자연스레 배어 나오잖아. 행실이 남달리 바르고 성격이 과묵하다고 정조 임금이 직접 '우불급재'라는 호를 지어 주었대. 바로 오재순의 초상화야.

이 초상화는 이명기 최고의 걸작으로 꼽혀. 흔하디흔한 정장관복 차림의 초상화지만 겉모습은 물론 주인공의 정신세계까지 완벽하게 표현했다는 평가를 받거든. 실제 인물과 마주 보고 있다는 느낌이 들 정도야.

무엇보다 얼굴 피부의 표현력이 돋보여. 잔 붓을 이리저리 굴리며 오돌도돌, 쭈글쭈글 진짜 피부처럼 그렸어. 눈 아래 정교한 잔주름과 기품 있는 하얀 수염도 하나하나 손수 그렸지. 눈썹 숱이 적은 오재순의 특징도 잘 살렸어.

가슴에는 쌍학흉배가 선명해. 정말로 수를 놓은 것 같은 질감이 느껴져. 옷에 박힌 구름무늬 역시 매우 정교하지. 옷 주름도 선으로만 그리지 않고 음영을 넣었어. 통 넓은 소매를 들 때마다 사각거리며 옷감 스치는 소리가 들릴 것 같지? 양 무릎 사이에는 짙은 음영을 넣었어. 아랫부분은 튀어나오고 윗부분은 뒤로 들어간 느낌이잖아. 마치 3D영상을 보는 것처럼 입체감을 살렸지. 발을 얹는 받침대는 앞쪽이 넓고 뒤로 갈수록 좁아지는 투시 원근법을 확실하게 썼어. 전통적인 초상화법에다 서양화법까지 두루 활용했지. 역시 이명기구나, 무릎을 탁 치게 하는 작품이야.

◆ 카메라 옵스쿠라

정장관복 초상화는 보통 의자에 앉은 모습이잖아. 그런데 서 있는 입상도 있어. 이명기가 다양한 방법으로 그렸다는 사실을 보여 주는 초상화야. 이 초상화에는 다른 그림에서 찾을 수 없는 비밀이 숨었어.

> 얼굴과 몸의 길이와 폭은 원래보다 절반으로 줄었다.

● **유언호 초상**

이명기, 1787년, 비단에 색칠, 116×56cm, 보물 제1502호

유언호가 58세 되던 해의 모습이야. 유언호 역시 정조 임금이 매우 신임하던 신하였어. 초상화 속에 "우리 만남은 꿈에서 예정되었지"라고 시작되는 정조의 글이 적혔어.

'용체장활 시원신감일반'이라고 읽으면 돼. 원래 크기에서 반을 줄였다는 뜻이야.

오른쪽 기장자리에 조그맣게 적힌 글씨야. 본래의 키를 반으로 줄여 그렸다는 말이지. 초상화 속의 사람 크기는 80센티미터야. 절반으로 줄였다니 유언호의 키는 약 160센티미터가 돼. 어른치고 너무 작다고? 이 정도면 평균 키로 봐야지. 옛날 사람들은 대체로 작았거든. 그런데 이명기는 굳이 왜 이런 글을 써 놓았을까? 다른 초상화에는 없는 글이거든.

비밀은 바로 카메라 옵스쿠라(Camera obscura)에 있어. 이걸 사용했다는 증거야.

카메라 옵스쿠라는 원시적인 카메라야. 초등학교 6학년 과학책에 나오는 바늘구멍사진기를 떠올리면 돼. 암실에 뚫린 작은 구멍을 통해 들어온 빛으로 사람의 모습을 반대편 벽에 거꾸로 비추는 장치야. 벽에 비친 모습을 그대로 따라 그리면 실제 사람과 똑같이 그릴 수 있지. 필요에 따라 카메라 옵스쿠라로 비춰지는 사람의 크기를 줄이거나 늘릴 수도 있어. 〈유언호 초상〉은 카메라 옵스쿠라를 사용하여 정확하게 반으로 줄여서 그렸지.

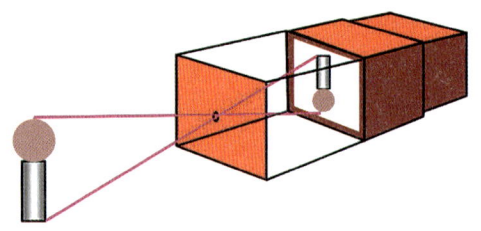

● **카메라 옵스쿠라의 원리**
카메라 옵스쿠라와 앉은 사람의 거리에 따라 비춰지는 크기가 달라. 마치 그림자놀이를 할 때 불 가까이 하면 그림자가 커지고 멀리하면 작아지는 것처럼 말이지.

조선 후기 실학자 다산 정약용의 문집인 《여유당전서》에 이런 내용이 있어.

> 이기양이 나의 형 정약전 집에 '칠실파려안'을 설치하고, 거기에 비친 거꾸로 된 그림자를 따라 초상화를 그리게 했다.

'칠실파려안'이 카메라 옵스쿠라야. '칠실'은 캄캄한 방, '파려'는 유리, '안'은 본다는 뜻이야. 캄캄한 방에서 유리렌즈로 본다는 뜻이지. 이기양이라는 사람이 조선 최초로 카메라 옵스쿠라를 초상화 그리는 데 사용했다는 기록이야. 이명기도 카메라 옵스쿠라를 자신의 작품에 끌어들였어. 이명기는 명암법, 투시 원근법 같은 서양화법도 적극적으로 받아들였잖아. 좋은 초상화를 그리기 위해 온갖 방법을 다 쓴 거야. 훌륭한 작품을 위한 화가의 눈물 겨운 노력을 알 수 있어.

◆ 임금이 선물한 부채

때라도 타면 큰일 날 듯 고운 빛깔의 시복을 입었어. 손에는 부채를 들고 조심스럽게 앉았지. 부채 끝에는 장식품인 향낭까지 달렸어. 부채, 향낭 모두 임금이 하사한 물건이야. 그러니 저렇듯 조심스러운 자세지.

이번에 볼 사람의 이름은 채제공. 뛰어난 능력으로 정조 임금의 신임을 독차지했지. 예조판서, 형조판서, 병조판서, 우의정, 좌의정 그리고 영의정까지 중요한 벼슬은 도맡았거든. 채제공의 왼쪽 눈을 잘 봐. 눈동자가 한쪽으로 몰린 사팔뜨기야. 놀림도 많이 받았을 텐데 영의정까지 올랐어. 능력만 있으면 겉으로 보이는 사소한 흉은 문제도 아니었지.

그림 속에는 정조 15년, 이명기가 어진을 그린 다음 어명으로 채재공 초상화를 다시 그렸다는 내용이 적혔어. 어진을 그릴 때 채제공이 총책임자였거든. 그 공으로 채제공의 초상화도 그리게 되었지. 초상화를 그리게 된 내력이 재미있어. 《승정원일기》에 기록된 정조와 채제공의 대화를 들어 볼게.

(정조가 예전에 있던 채제공의 초상화를 본 후)
정조 : 얼굴에 우울한 기색이 감도는군. 지금과는 표정이 많이 다르오.
채제공 : 네, 그렇습니다. 이명기가 그린 초상화인데 그때는 정말 우울한 기분이었습니다.

이명기가 제 기분까지 그려 냈군요. 정말 뛰어난 화가입니다.

예전의 초상화가 보기 안 좋아서 다시 그리게 된 이야기지만 뒤집어 보면 이명기의 뛰어난 솜씨를 말해 주는 기록이기도 해. 사람의 기분까지 그려 냈다는 귀신같은 솜씨잖아. 그러기에 너도나도 다투어 이명기에게 초상화를 부탁했겠지.

● **채제공 초상**
이명기, 1792년, 비단에 색칠, 120×79.8cm, 보물 제1477호
73세 때의 모습이야. 그림 속에 "머리에서 발끝까지 임금의 은혜, 부채도 향낭도 임금의 은혜, 부끄럽고 무능한 몸 은혜 갚을 길이 없네"라는 채제공이 지은 시가 적혔어.

이명기는 20대의 젊은 나이에 벌써 '독보일세', '당대국수'라는 별명을 얻었어. 견줄 화가가 없는 최고의 솜씨라는 뜻이야. 전통적인 조선화법에 서양화법까지 활용하며 자신의 기량을 마음껏 발휘한 이명기, 조선 후기를 빛낸 최고의 초상화가였어.

요절한 천재 화가 임희수

◆ 기름종이에 그린 초본

흔히 천재는 일찍 죽는다고 하잖아. 임희수가 그랬어. 18세라는 젊은 나이로 생을 마감했거든. 고작 18년밖에 살지 못했지만 신의 경지에 이르렀다는 그림 솜씨를 자랑했지. 임희수는 죽기 직전에 《칠분전신첩》이라는 초상화첩을 남겼어. 여기에는 19점의 초상화가 들었는데 모두 초본이야.

우리가 보는 초상화는 대부분 정본이잖아. 그렇지만 앞에서도 몇 점 보았듯이, 처음부터 바로 정본을 그리는 건 아니야. 밑그림인 초본부터 그려야 해. 초본은 반투명 종이인 유지(기름을 먹인 종이)를 써. 잘 찢어지지 않고 틀려도 쉽게 지울 수 있으니까. 무엇

● 《칠분전신첩》
'칠분전신첩'은 아주 닮게 잘 그린 초상화첩이라는 뜻이지. 안에는 초상화를 그리고 그 옆에 주인공에 대한 소개와 평을 적었어.

보다 완성된 정본의 색을 미리 가늠할 수 있지. 우리 초상화는 배채를 한다고 했잖아. 초본에도 미리 배채를 해 봐서 원하는 색을 얻는 거야. 임정의 초상화로 더 살펴볼까?

임희수가 그린 초본은 크기가 매우 작아. 정식 초상화로서 격식을 갖추지

● **임정 초상**
임희수, 1750년, 종이에 엷은 색칠, 31.3×22cm
성균관의 으뜸 벼슬인 대사성을 지낸 사람으로 1750년에 세상을 떠났어. 임희수가 생전의 모습을 기억해서 그린 초상화지. 옷은 대강 윤곽만 잡았고 눈과 코를 자세하게 그렸어.

● **임정 초상의 배채**
초본에도 뒤에서 색칠을 했어. 얼굴 부분은 앞쪽에는 아예 색칠을 하지 않고 분홍색으로 배채만 했지. 눈동자도 하얀색으로 배채를 했어.

않은 거야. 그렇지만 정확한 관찰력으로 인물의 특징을 잘 살렸어. 특히 사람의 인상을 좌우하는 얼굴형과 눈, 코를 세밀하게 표현하였지. 자세히 들여다보노라면 타임머신을 타고 조선 시대로 돌아가 옛사람들과 이야기를 나누는 느낌이 들 정도야.

◆ 담 뒤에 숨어서

원래 《칠분전신첩》의 초상화 19점은 모두 낱장이었어. 대부분 임희수가 죽기 직전인 1749년과 1750년에 그렸지. 임희수가 죽자 아버지 임위는 감상평을 적은 후 화첩으로 꾸며 일찍 죽은 아들을 기렸지.

그 가운데 몇 점을 볼게. 먼저 임수륜의 초상이야.

● **임수륜 초상**
임희수, 1749년, 종이에 색칠, 23.8×11.5cm
1749년, 70세 때의 모습이야. 한겨울 아침 일찍 임희수의 집을 찾아온 모습을 그렸지. 툭 튀어나온 광대뼈와 눈가의 잔주름을 잘 묘사했어.

그림 옆에 이렇게 적혔어.

> 1749년 12월, 아침 일찍 임수륜이 집에 찾아왔다. 서리가 턱수염에 엉겨 붙었는데 담 뒤에서 본 모습을 그렸다.

추운 겨울 아침, 무슨 급한 일이 있었나 봐. 임희수의 집에 친척 어른 임수륜이 나타났어. 그림을 좋아하던 임희수가 놓칠 리 없겠지. 그런데 얼굴을 마

주 보고 그리기가 어려웠어. 초상화는 소중하게 여기는 그림인데 연습 삼아 함부로 막 그릴 수 없었거든. 그래서 담 뒤에 숨어 있다가 잠깐 본 모습을 그렸지. 이게 바로 여태껏 우리가 보아온 초상화와 다른 점이야. 정본 초상화를 만들기 위한 게 아니라 취미 삼아 그렸거든. 그리고 싶은 호기심을 억누를 수 없었던 거야. 짧은 시간이지만 인물의 특징을 잘 끄집어낸 임희수의 관찰력이 돋보여.

◆ 강세황의 감탄

> 1749년 9월, 임순의 집에 갔는데 낮잠을 자다가 막 깨어나 책을 들고 창가에 선 모습을 보았다. 집에 돌아와서 그때 모습을 그렸다.

임순의 초상화 옆에 적힌 글이야. 이 초상화는 임순의 집에 갔다가 낮잠에서 막 깨어난 모습을 본 후 나중에 집에 돌아와서 그렸어. 임순은 집안에서 편히 쉬던 참이라 평상시에 쓰는 모자, 탕건을 썼어. 둥근 얼굴형은 윤곽만 잡고 한쪽 눈이 반쯤 감긴 듯 잠에서 덜 깬 모습을 살렸어. 왼쪽 귀 아래 난 구레나룻도 제대로 다듬지 못했네. 이걸 기억했다가 집에 돌아와 그대로 그린 솜씨를 보니 천재 화가라는 말이 괜한 칭찬이 아니야.

임희수의 천재적인 재능을 말해 주는 일화가 있어. 강세황이 자기 초상화를 그릴 때 아무리 붓질을 해도 마음에 들지 않자 임희수에게 부탁을 했대. 임희수가 광대뼈와 뺨 사이에 대강 두어 번 붓질을 하자 강세황의 얼굴과 똑같이 되었지. 강세황이 무릎을 치며 감탄을 했다는군.

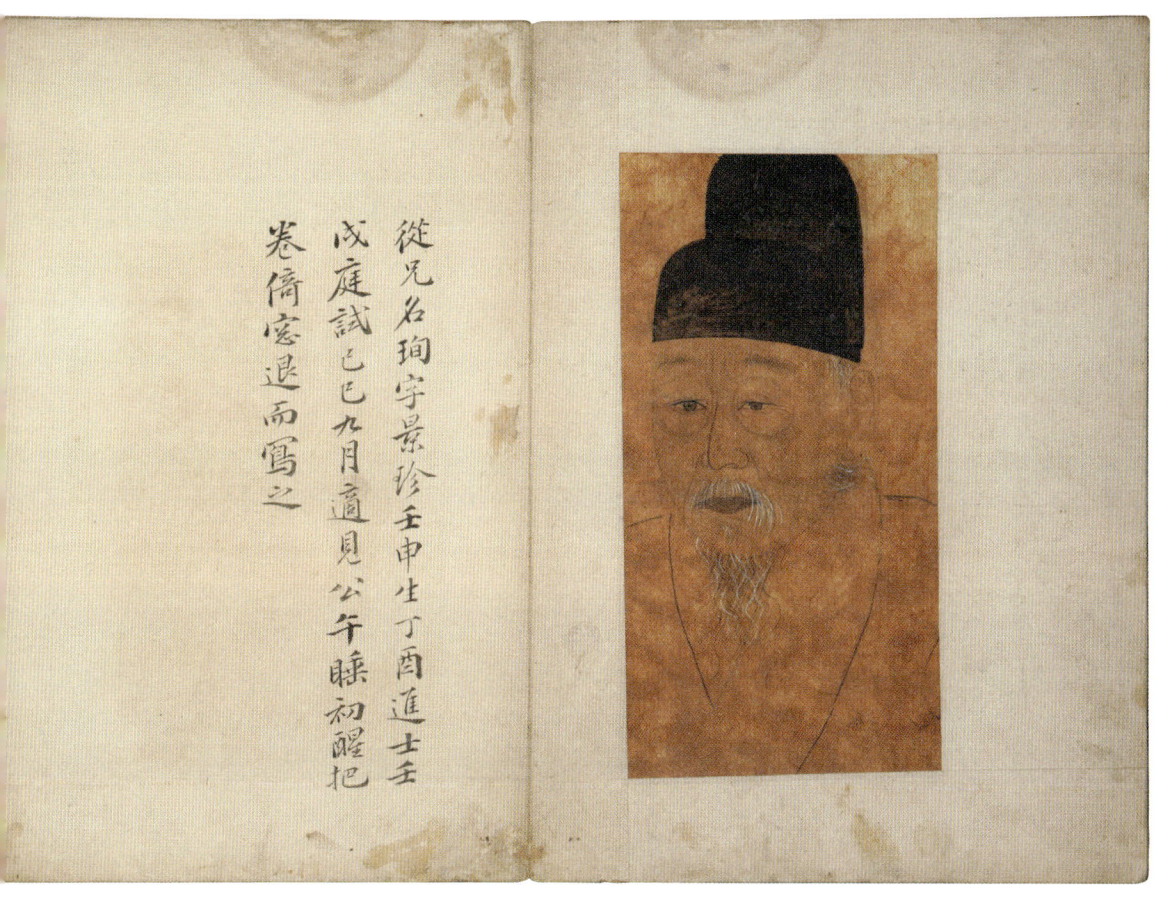

● 임순 초상
임희수, 1749년, 종이에 옅은 색칠, 23.1×11.8cm
1749년 임순이 58세 되던 해의 모습이야. 정말로 잠에서 막 깨어난 듯 왼쪽 눈이 반쯤 감겼어. 볼살이 통통한 임순의 특징을 잘 잡아냈지.

   물론 임희수는 천부적인 재능이 있었지만 연습도 게을리 하지 않았어. 길을 가다가도 유명한 사람을 만나면 바로 얼굴을 그리곤 했거든. 집이 가난하여 값비싼 물감 대신 먹으로만 칠했는데도 그림을 본 사람이면 하나같이 초상화가 살아 있는 것 같다고 했지.

◆ 진정한 예술가

> 모습이 어찌 그리도 해쓱한가. 운명이 어찌 그리도 모진가.
> 18년 동안 아버지와 아들로 지내면서 서로가 사랑하고 아끼었지만
> 지금은 색 바랜 그림 속에서나 어렴풋이 상상할 수 있구나.

초상화첩 마지막에 아버지가 쓴 글이야. 일찍 죽은 아들에 대한 애틋한 마음이 가득 담겨 있어. 아마 평생 아들을 그리워하며 살았을 거야.

임희수의 작품은 인물의 특징만 잡아 빨리 그리다보니 마치 스케치하듯 간결한 느낌이 들어. 어찌 보면 그리다 만 느낌인데, 사실 이 중에는 정말 미완성 작품도 있지.

이건 누구 얼굴인지도 모르는 초상화야. 미처 완성하지 못한 모습이 마치 임희수의 삶을 보는 것 같아. 임희수가 오래 살았다면 더 멋진 초상화도 많이 볼 수 있었을 텐데.

● **초상**
임희수, 1749~50년, 종이에 유탄, 20.7×11.6cm
마치 유령을 보는 듯한 모습이야. 먹으로 그린 다른 초상화 달리 버드나무 숯인 유탄으로 그렸어. 나중에 자세히 그리려고 한 듯 대강 얼굴 윤곽만 잡아 놓았지.

임희수는 일상생활의 자연스러운 모습을 담은 초본을 주로 그렸잖아. 사람을 앞에 앉혀 놓고 정성을 다해 그리던 일반적인 초상화와는 거리가 멀었지. 정본을 그리기 위한 초본이 아니라 스스로 좋아서 그렸던 거야. 초본 자체가 하나의 작품이 된 셈이지. 불타는 창작 욕구를 그렇게라도 쏟아 부은 임희수야말로 진정한 예술가 아닐까?

마지막 초상화가 채용신

◆ 일곱 임금의 어진

　채용신은 전문적인 화가는 아니었어. 특이하게도 무과에 합격한 군인이었지. 주로 바닷가를 돌며 수군 부대를 지휘하는 틈틈이 그림을 그렸대. 그러다가 1900년 〈태조 어진〉을 그리는 어진화사로 뽑히면서 이름을 널리 알리게 되었어. 잇달아 숙종, 영조, 정조, 순조, 헌종의 어진까지 그렸지. 채용신의 솜씨를 알아본 고종은 이듬해인 1901년 자신의 어진도 그리게 했어. 무려 일곱 임금의 어진을 그린 거야. 이 일로 채용신은 고종에게 '석강'이라는 호를 받았고 종2품 벼슬로 승진하게 돼. 옷, 이불, 달력, 부채 등 많은 선물까지 덤으로 받았지. 보통 어진화사들은 스물 안팎의 젊은 나이인데 채용신은 50세가 넘어 어진을 그렸으니 느즈막히 성공한 대기만성형의 화가인 셈이야.

　채용신은 1906년 57세가 되던 해, 마지막 벼슬인 정산군수를 그만두고 고향인 전라도 지방으로 내려와 본격적인 작품 활동을 시작했어. 그곳에서 91세의 나이로 세상을 떠날 때까지 약 30년 동안 수많은 초상화를 그렸지. 워낙 솜씨가 좋은데다 어진화사라는 명예까지 따라붙었으니 사람들이 앞다투어 초상화를 부탁했거든. 아까 본 〈영조 어진〉, 〈운낭자 초상〉도 채용신의 작품이야. 채용신은 특히 애국지사의 초상화를 많이 그렸어.

◆ 애국지사 황현

채용신은 조선이 망하는 걸 지켜본 사람이야. 애국심이 남달랐던 그에게는 천추의 한이었지. 채용신은 자기만의 방법으로 애국의 길을 찾게 돼. 바로 나라를 위해 힘쓰는 사람들의 초상화를 그리는 일이었지. 〈황현 초상〉이 대표적이야. 황현은 1910년, 일본에 나라를 빼앗기자 울분을 못 이겨 독약을 마시고 스스로 목숨을 끊었어. 그리고 이런 시도 함께 남겼지.

> 동물들도 슬퍼서 울고 강산도 찡그리니
> 무궁화 핀 우리나라는 이미 사라졌구나.
> 가을 등불 아래서 읽던 책을 덮고 생각하니
> 글 배운 사람이 제구실하기는 참 어렵구나.

우리 초상화에는 인물의 마음까지 그렸다고 했잖아. 이 초상화도 마찬가지야. 근심이 가득한 얼굴에는 시의 내용과 똑같이 나라를 위한 마음이 그대로 드러나 있어, 보는 사람 마음도 저절로 숙연해지게 돼. 초상화 속 인물 묘사가 아주 정확하고 세밀해. 머리에 쓴 정자관을 한 올 한 올 일일이 그렸는데 속에 쓴 망건까지

● **황현 초상 얼굴 부분**
살갗과 눈가의 잔주름의 묘사가 진짜 피부처럼 생생해. 잔 붓으로 수없이 반복해서 그렸거든. 수염 역시 정말 살갗을 뚫고 나온 것처럼 사실적으로 그렸어. 이 초상화는 오른쪽 얼굴을 보여 주고 있어. 사진 속 얼굴 방향대로 그렸기 때문이지.

● **황현 초상**
채용신, 1911년, 비단에 색칠, 120.7×72.8cm, 보물 제1494호
황현이 세상을 떠난 지 1년 뒤, 1911년에 그린 초상화야. 단정한 옷매무새와 꼿꼿한 자세, 손에 든 책과 안경은 야무지면서도 공부 많이 한 선비의 모습을 잘 보여 줘.

비쳐 보일만큼 사실적이야. 수염 역시 한 올 한 올 셀 수 있을 정도로 자세하게 그렸어. 부드러운 질감이 진짜 수염 못지않아. 얼굴 피부도 수많은 붓질을 반복해서 그렸어. 손가락으로 누르면 쑥 들어가기라도 할 듯 진짜 피부 같잖아. 마치 사진처럼 생생하지?

그럴 수밖에. 정말 사진을 보고 그렸거든. 이 초상화는 황현이 세상을 떠난 뒤, 미리 찍어 둔 사진을 보고 그린 거야. 어때, 사진 속 모습과 정말 똑같지? 그렇다고 똑같이 베끼지는 않았어. 옷차림이 갓과 도포에서 정자관과 학창의로 바뀌었거든. 사진 속에는 얼굴이 매우 커서 가분수처럼 보이잖아. 하지만 초상화에서는 몸과 얼굴 비례를 보기 좋게 맞추었어. 책과 부채도 모양을 달리하여 개성을 살렸지. 채용신은 기품 있는 애국지사의 모습을 보여 주기 위하여 화가의 개성을 맘껏 발휘했어.

● **황현 사진**
김규진 촬영, 1909년, 15×10cm, 보물 제1494호
1909년 55세 때 사진관에서 찍은 사진이야. 도포를 입고 갓을 쓴 채 안경을 낀 모습이 좀 어색하지? 마치 졸업 기념 앨범 사진이라도 찍듯 책도 펴 놓았어.

◆ 털모자를 쓴 최익현

　74세나 되는 많은 나이에 의병을 일으킨 사람이 있어. 일본이 강제로 을사보호조약을 맺자 맞서 싸운 거지. 결국 일본군의 신식 무기를 당하지 못하고 체포되었는데, 적군이 주는 음식은 먹지 않겠다며 끝까지 단식을 하다가 끝내 눈을 감았지. 나이가 들어서도 나라 사랑하는 마음을 온몸으로 보여 준 사람, 면암 최익현이야.

　특이하게도 사냥꾼 털모자를 쓰고 있어. 초상화는 멋진 차림으로 나서야 하는데 뜻밖이야. 왠지 색달라 보이지 않니? 이웃집 할아버지처럼 친근해 뵈잖아. 관복 차림보다 훨씬 강인한 느낌도 들어. 털모자는 추운 겨울 바깥에서 활동할 때 쓰니까. 채용신은 의병장으로 온 산천을 누비던 최익현의 모습이 훨씬 인상 깊었나 봐.

　이 초상화의 압권은 털모자와 더불어 수염이야. 마치 한 몸처

● **최익현 초상**
채용신, 1905년, 비단에 색칠, 51.5×41.5cm, 보물 제1510호
74세의 최익현이 모습이야. 1905년에 정산군수로 있던 채용신이 그렸어. 최익현은 1905년 일본과 강제로 을사보호조약을 맺자 의병을 이끌고 싸우다가 죽음을 맞이했지.

럼 같은 색깔, 같은 질감으로 표현했거든. 모자털이 진짜 머리털이라도 되듯 수염과 잘 어울리잖아. 최익현의 삶을 상징적으로 보여 주기도 하지. 시련에도 아랑곳하지 않고 살아온 한 인간의 떳떳한 모습이 털모자와 거친 수염 속에 고스란히 담겨 있는 것 같아.

채용신은 최익현의 초상화를 여러 점 그렸어. 세상을 떠나기 전부터 이미 알고 있는데다 무척 존경하는 분이었거든. 그렇지만 살아 있을 때 그린 초상화는 이게 유일해. 초상화, 주인공의 삶, 화가의 마음이 잘 어우러진 범상치 않은 초상화야.

◆ 초상화 한 점에 100원

채용신은 전라도에 살면서 많은 초상화를 그렸어. 점점 그려 달라는 사람들이 늘어나자 결국 초상화 주문 제작 공방인 '채석강 도화소'를 차리게 돼. 본격적으로 사람을 사서 밀려드는 주문에 대비한 거야. 이때 도화소를 소개하는 광고까지 했어.

> 남녀 정장 전신 초상화 100원, 전신 평상복 90원, 반신상 80원.
> 사진만 있으면 원하는 복장으로 바꿔 그려 줌.
> 사진이 없으면 사진사를 보내 찍어 줌.
> 실제 모습과 닮지 않으면 책임짐.
> 멀리 출장을 가서 그릴 때는 차비까지 포함됨.

광고지에 적힌 내용이야. 1940년대 광고라서 조선 시대 초상화를 그리던 관행과는 좀 다를 거야. 그렇지만 내용을 뒤집어 생각하면 조선 시대 초상화를 그리던 관행도 어느 정도 짐작할 수 있어. 초상화의 종류에 따라 화가의 수고비가 달랐다는 점, 한 점의 초상화만 있으면 여러 가지 옷차림으로 고쳐 그렸다는 점, 실제 모습과 꼭 닮게 그리려 애썼다는 점, 원하는 사람이 있으면 어디라도 달려갔다는 점. 분명 조선 시대에도 이런 방식으로 초상화를 그렸겠지.

그리고 조선 시대와 다른 점도 있어. 먼저 초상화 가격의 정찰제야. 입은 옷에 따라 가격을 약간 달리했잖아. 들어가는 물감이나 화가의 노력에 차이가 있었으니까 꽤 합리적인 가격이라고 생각해. 사진을 보고 그린다는 방법도 조선 시대와는 달라. 1940년대라면 지금으로부터 불과 60년 전이잖아. 서서히 초상화가 사라지기 시작하는 때였지. 사진이 초상화를 대신하게 되는 과정을 짐작할 수 있어. 사진 활용은 나이든 채용신을 위한 배려야. 이때 채용신의 나이가 벌써 90세, 멀리 가서 그림을 그리는 일이

● **권기수 초상**
채용신, 1919년, 비단에 색칠, 84.6×55.6cm
1919년에 그린 63세의 권기수 초상화야. 채용신이 전라도에 내려와 살면서 그렸지. 드물게 갓을 쓴 모습이야. 복숭아 모양의 밀화단추, 부채에 달린 장식품 금박 선추, 금테 안경다리는 권기수가 매우 부자였음을 말해 줘.

힘들었거든. 그래서 사진을 찍어 그리게 된 거야.

흔히 채용신을 조선의 마지막 초상화가라고 해. 조선이 망할 무렵에 활동했고 그 뒤로 조선 시대 전통을 잇는 초상화가는 사라졌거든. 채용신은 전통적인 초상화법에 서양화법도 과감하게 받아들였어. 사진을 활용하거나 입체감을 살리는 방법 말이야. 또 남들이 꺼려하는 정면상도 많이 그렸지. 〈고종 어진〉이나 〈최익현 초상〉은 정면상이었지? 정면상은 남을 위압하는 느낌을 준다고 했잖아. 이때는 나라가 망한 후야. 초상화를 통해서나마 조선과 조선 사람의 힘을 보여 주려 한 거지.

채용신은 여러 가지 방법으로 우리 초상화 수준을 한 단계 끌어올렸어. 그렇다면 마지막 초상화가보다는 최고의 초상화가라는 말이 더 잘 어울리지 않을까.

더 생각해 보기

화폐 속의 초상화

세종 대왕, 이황, 신사임당, 이이, 이순신의 공통점은 뭘까?

물론 우리나라를 대표하는 위인들이지. 또 하나 있어. 우리가 사용하는 화폐 속에 들어 있는 인물이라는 거야. 백 원짜리 동전에는 이순신, 천 원 지폐에는 이황, 오천 원권에는 이이, 만 원권에는 세종 대왕, 오만 원권에는 신사임당이잖아.

그렇지만 옛날부터 전해 내려오는 이 사람들의 초상화는 없어. 당시에는 초상화를 그렸겠지만 대부분 없어져 버렸지. 그런데 어떻게 화폐 속에는 초상화가 있냐고? 옛날이 아니라 요즘에 그린 거니까. 당시 초상화가 남아 있질 않으니 그럴 수밖에. 그래서 솜씨 좋은 화가들에게 부탁하여 나라에서 '표준 영정'으로 정한 거지. 그렇게 1973년 이순신 장군을 시작으로 지금까지 약 100명의 인물을 그렸어.

참 이상하지. 생김새도 전혀 모르면서 어떻게 초상화를 그렸을까?

옛날 기록을 참고하는 거야. 예를 들면 이순신 장군은 유성룡이 쓴 《징비록》에 "얼굴이 단정하여 신중한 선비 같다"라는 말이 있어. 이걸 참고하여 부드럽고 근엄한 모습으

● **이순신 영정**
장우성, 1973년
뛰어난 장수답게 갑옷이나 군복 입은 모습으로 그렸으면 더 좋지 않았을까?

로 표현했지. 이와 달리 생겼다는 기록도 있어. 고상안이라는 장군은 1594년 임진왜란 당시 이순신을 실제로 본 후 이렇게 기록했어.

논리와 지략은 난리를 평정할 만한 재주였으나 얼굴이 후덕하지도 풍만하지도 않고 입술이 뒤집혀 있어 복 있는 장수는 아니라는 생각이 들었다.

유성룡보다는 조금 구체적이기는 하지만 역시 참고할 만한 정도는 아니야. 할 수 없이 화가는 상상력을 발휘하는 거야. 이왕이면 보기 좋은 모습으로 그리는 게 좋겠지.

● **세종 대왕 영정**
김기창, 1973년
세종 대왕은 고기를 무척 좋아하여 뚱뚱하고 살진 모습일 가능성이 많다고 하는데 이 초상화는 그렇게 그리지 않았어.

이렇게 해서 이순신의 표준 영정이 탄생했어. 만약 이순신 장군을 실제로 만난다면 표준 영정과 너무 달라 누군지 몰라볼 수도 있겠지.

더 심각한 문제는 따로 있어. 화가들이 자신의 얼굴과 닮게 그리기도 한다는 거야. 이순신 장군 영정은 화가 장우성과 많이 닮았다고 해. 이황, 세종 대왕도 영정을 그린 화가 이유태, 김기창을 닮게 그렸다고 해.

그렇다면 우리는 진짜 역사 속의 인물 대신 화가를 쳐다보는 꼴이 되잖아. 이건 좀 아닌 것 같아. 그래서 예전에 그렸던 표준 영정들을 다시 그리자는 주장도 있지. 그 많던 초상화를 잘 보관하지 못하는 바람에 벌어진 촌극이야.

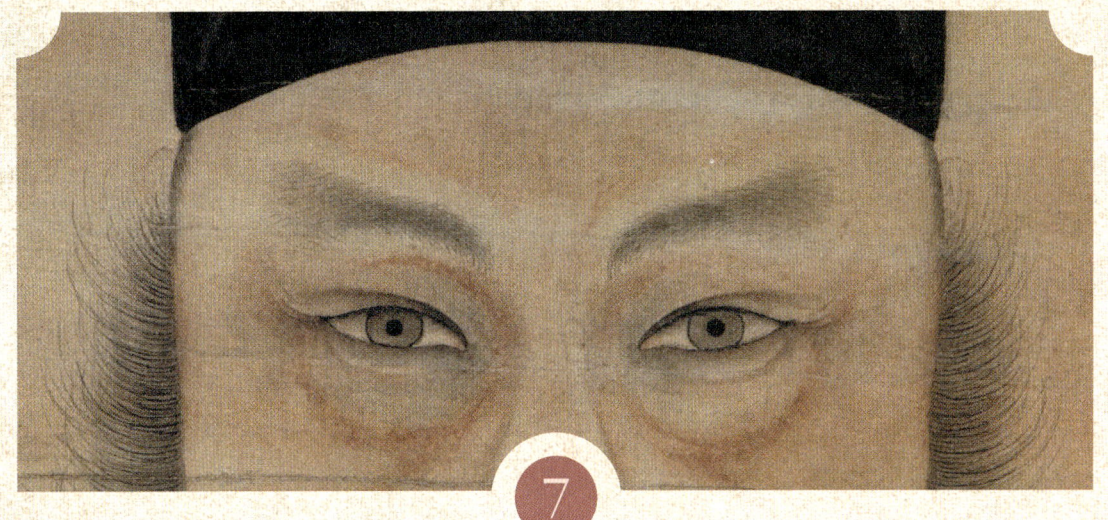

◆ 특별한 방 ◆
이런 초상화 어때요?

스스로 제 모습을 그린 초상화를 '자화상'이라고 해. 윤두서의 자화상은 걸작으로 꼽히는 작품이지. 조선 시대는 초상화가 그리 많아도 자화상은 매우 드물어. 왜 그런 걸까?

이제 마지막 방을 둘러볼 차례야. 자화상 말고도 특별한 초상화를 모아 놓았지. 화려한 패션쇼를 연출한 초상화, 단체 초상화, 풍속화처럼 그린 초상화 등등. 한 점이라도 놓치면 후회할지도 몰라.

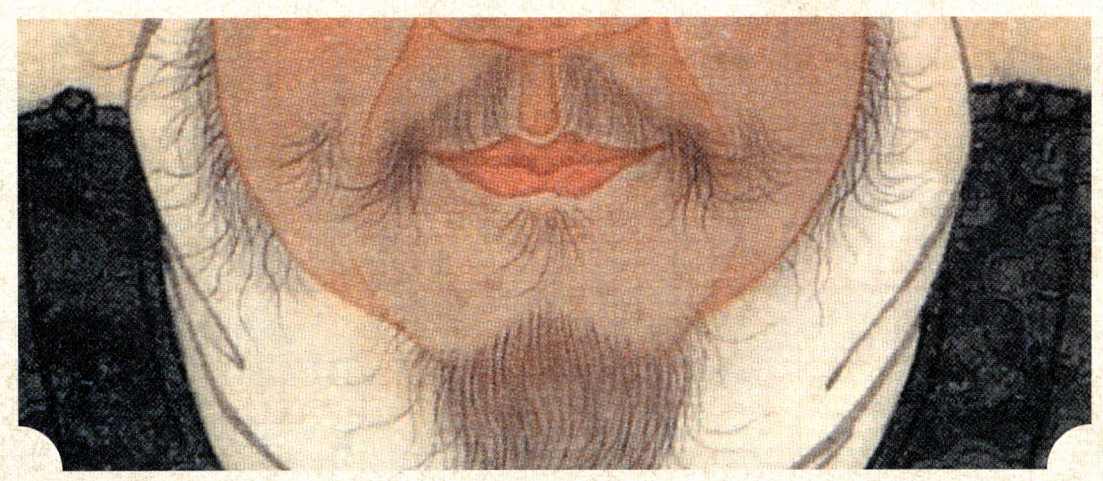

스스로 그린 얼굴, 자화상

◆ 우스꽝스런 옷차림

낯익은 얼굴이지? 그래. 강세황이야. 기로소 입사 기념 초상화도 봤잖아. 왜 또 보냐고? 매우 특별한 그림이거든.

그림 속에 적힌 글 중 맨 마지막 부분이야.

> 스스로 내 모습을 그렸고 글도 내가 썼다.

● **강세황 자화상**
1782년, 비단에 색칠, 88.7×51cm, 보물 제590호
1782년 강세황이 70세 때 그린 자화상이야. 다른 초상화에 비해 크게 들어간 사람이 화면을 꽉 채워. 자신의 모습을 그린 만큼 불필요한 건 모두 생략했거든.

옳지. 스스로 자신의 모습을 그린 그림, 바로 자화상이야. 아까 본 기로소 입사 기념 초상화랑 얼굴이 똑같지? 우리 초상화는 인물을 사진처럼 똑같이 그려 낸다는 사실을 또 한 번 확인할 수 있지.

얼굴은 같지만 옷차림은 다르지? 그런데 어딘가 좀 어색한 차림이야. 도포를 입고 오사모를 썼거든. 도포는 평상복이고 오사모는 관복에 갖춰 쓰는 정

장 모자잖아. 오늘날로 말하면 경찰관이 청바지를 입고 경찰 모자를 썼다고나 할까. 아래 위가 엉터리인 매우 우스꽝스런 차림이야. 왜 그랬냐고? 그 비밀의 해답 역시 그림 속에 적혔어.

> 저 사람은 누구인가
> 수염과 눈썹이 하얗구나.
> 오사모를 쓰고 도포를 입었으니
> 마음은 자연 속에서 살고 싶은데 몸은 벼슬살이를 하네.

그래, 시골에서 조용히 살고 싶은데 억지로 벼슬살이를 하기 때문이었어. 몸과 마음이 다르다는 걸 이렇게 표현한 거야. 어때, 굉장히 재미있는 사람이지?

◆ 자화상이 드문 까닭

강세황은 유명한 화가 김홍도의 스승이야. 그런 만큼 스스로도 그림 솜씨가 뛰어났어. 〈영통동구도〉를 보면 고개를 끄떡이게 되지. 그림 보는 눈도 뛰어나 많은 화가들이 평가를 받으려고 줄을 섰었다지 뭐야. 그래서 '화가들의 스승'으로 불렸지.

조선 시대에는 자화상이 그리 많지 않아. 겨우 손가락으로 꼽을 정도야. 왜냐고? 자화상을 그리려면 그만한 자격이 있어야 하거든. 신분이 높다든지, 공부를 많이 했다든지, 또는 존경받을 만한 인물이어야 하지. 그런데 이런 자

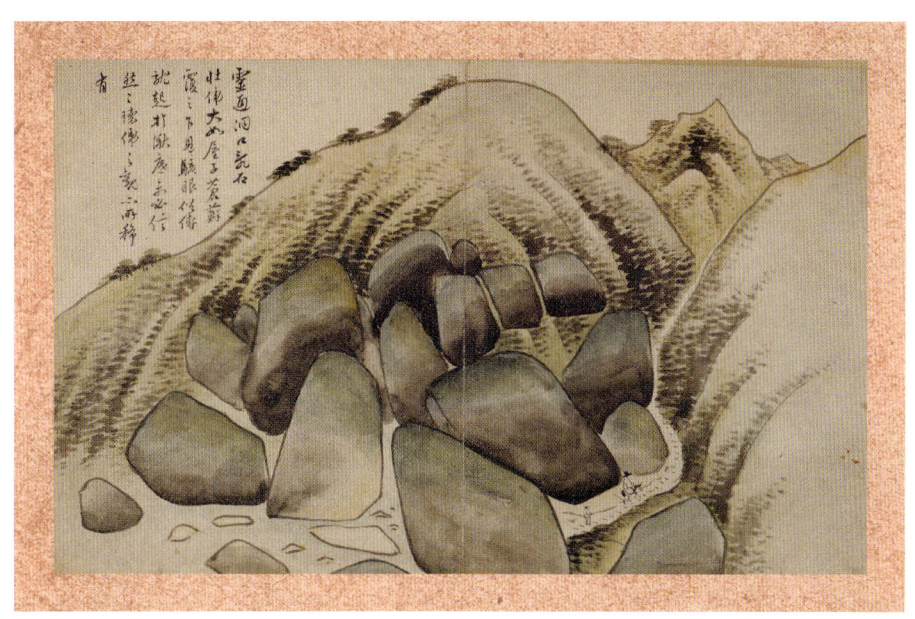

● **영통동구도**
강세황, 1757년, 종이에 먹과 옅은 색칠, 32.8×53.4cm
개성 지방의 영통사 부근을 여행하면서 그린 그림이야. 마치 서양의 수채화처럼 산뜻한 느낌이지. 강세황의 솜씨를 잘 말해 주는 그림이야.

격을 갖춘 사람들은 대부분 그림 솜씨가 모자랐어. 자화상을 그리고 싶어도 그릴 수가 없었지. 반면 그림을 잘 그리는 화원들은 대부분 신분이 낮은 중인들이었어. 자화상을 그릴 만한 자격이 못되는 거지.

강세황은 모두 완벽하게 갖추었어. 높은 신분에 그림 솜씨까지. 게다가 자신을 사랑하는 마음까지 드높았어.

> 가슴에는 수천 권의 책이 들었고 감춘 손에는 세상을 뒤흔들 서예 솜씨가 있다.

역시 그림 속에 적힌 글이야. 대단한 자부심이지. 이런 마음이 없으면 자화상을 못 그려. 강세황은 모든 조건을 갖추었기에 자화상을 그리게 된 거야.

● **강세황 자화상 초본**
1766년, 유지에 옅은 색칠, 50×31cm
강세황은 자화상을 많이 그렸기로 소문났어. 44세에 처음 자화상을 그린 뒤 여러 점을 더 남겼지. 이건 1766년에 그린 자화상이야.

◆ 걸작 윤두서 자화상

　유명한 자화상이 또 하나 있어. 우리나라에서 가장 유명한 초상화 중 하나로 꼽히는 작품이지. 바로 윤두서의 자화상이야.
　얼굴이 화면의 반을 차지할 정도로 매우 커. 인물을 강조하기 위해 필요 없는 부분은 생략했기 때문이야. 머리에 쓴 탕건마저 거추장스러운지 싹둑 잘라 냈지. 다른 초상화에 비해 매우 파격적인 모습이야. 게다가 풍기는 분위기가 어찌나 무서운지. 사자 갈기처럼 뻗친 수염과 매서운 눈매는 보는 사람들을 질리게 만들 정도야. 강세황이 이웃집 할아버지라면 윤두서는 용맹한 장

● **윤두서 자화상**
18세기 초, 종이에 옅은 색칠, 38.5×20.5cm, 국보 제240호
앞을 똑바로 바라보는 정면상으로 정확한 좌우 대칭을 이루고 있어. 40센티미터도 채 안 되는 작은 크기의 초상화지만 매서운 눈을 통해 뻗쳐 나오는 선비의 기개는 온 세상을 덮고도 남을 것 같아. 우리나라 초상화의 진면목을 보여 주는 걸작이야.

수 같아. 그런데 어딘지 모르게 우울한 기색도 숨어 있는 것 같지 않니?

윤두서의 삶은 별로 행복하지 않았거든. 자신이 속한 무리가 권력 다툼에서 밀리는 바람에 평생 벼슬길에 오르지 못했기 때문이야. 그래서 윤두서는 그림에 마음을 붙이게 돼. 특히 있는 그대로의 모습을 그리는 동물화, 인물화에 집중하지. 천문, 지리, 측량, 병법 같은 실학을 공부하던 습관이 그림에도 영향을 준 거야. 윤두서는 동물 한 마리를 그리더라도 며칠씩 자세히 관찰하

● **유하백마도**

윤두서, 비단에 옅은 색칠, 34.3×44.3㎝

버드나무 아래에 있는 흰말을 그렸어. 우유 빛깔의 털과 북슬북슬한 꼬리, 뒷발을 살짝 들고 달리려는 질주 본능까지, 진짜 말을 보듯 잘 그려 냈어. 이런 솜씨가 저토록 사실적인 자화상을 낳게 했지.

곤 했대. 반드시 참모습을 파악한 다음에야 비로소 붓을 들었다는군. 〈유하백마도〉를 보면 고개를 끄덕일 거야.

◆ 마음까지 그린 솜씨

윤두서는 초상화 솜씨로도 이미 소문이 자자했어. 죽은 지 넉 달 후에 그린 친구 심득경의 초상화를 보고는 가족들이 엉엉 울었다고 하거든. 어찌나 똑같았는지 심득경이 살아서 돌아온 걸로 착각할 정도였대. 사실 겉모습보다는 초상화에서 풍기는 정신을 보고 감동한 거지. 옛날 초상화는 겉모습만큼이나 초상화 속 인물의 속마음도 중요하게 여긴 거야.

윤두서는 이처럼 초상화에 인물의 얼굴과 마음까지 담아내는 솜씨가 탁월했어. 사람의 마음을 꿰뚫는 눈이 있었나 봐. 그러니 자신의 얼굴이라고 예외

● **심득경 초상**

윤두서, 1710년, 비단에 색칠, 160.3×87.7, 보물 제1488호
아깝게 38세의 젊은 나이로 세상을 떠난 심득경은 윤두서와 절친한 사이였어. 죽은 지 넉 달 후에 윤두서가 기억을 더듬어 초상화를 그렸지. 유난히도 빨간 입술이 인상적이지?

는 아니었지. 윤두서의 자화상을 본 친구 이하곤은 소감을 이렇게 말했어.

몸은 작아도 세상을 초월하려는 뜻은 높다. 긴 수염 나부끼는 얼굴은 윤이 나고 붉으니 바라보는 사람은 무사가 아닐까 의심한다. 그러나 진실로 자신을 양보하는 겸손한 마음은 올곧은 선비로 전혀 부끄럽지 않다.

이하곤의 느낌도 우리와 비슷한가 봐. 다시 한 번 윤두서의 자화상을 자세히 바라봐. 올곧은 선비의 정신세계가 보이는 것 같지 않니?

◆ 몸뚱이는 어디로 갔을까

〈윤두서 자화상〉에는 엄청난 비밀이 있었어. 놀랍게도 귀와 몸뚱이가 없잖아. '신체발부수지부모'라는 말 들어 봤지? 부모님께 물려받은 몸은 소중하니 함부로 다룰 수 없다는 뜻이야. 그림도 마찬가지야. 몸의 일부를 그리지 않는 건 상상도 할 수 없지. 그런데 자화상에는 귀와 몸뚱이가 없거든. 그래서 미완성 작품이라느니, 일부러 그랬다느니 말이 많았지. 비밀은 현대의 첨단 과학 기술이 밝혀냈어. 국립중앙박물관에서 온갖 과학 장비를 사용하여 이 그림을 조사했는데 적외선 투시 결과 옷의 흔적을 발견한 거야.

● **윤두서 자화상의 적외선 투시 사진**
얼굴 아래에 옷깃과 옷 주름이 뚜렷하게 보여. 처음부터 몸뚱이를 그렸던 거야.

왜 우리 눈에는 옷이 보이지 않느냐고? 몸을 유탄으로 그렸기 때문이야. 유탄은 쉽게 지워지거든. 처음에 선명했던 옷 자국이 오랜 시간이 지나자 지워져 버렸던 거야.

물론 다른 의견도 있어. 옷 부분은 뒤쪽에서 배채를 했기 때문에 안 보인다는 주장이지. 배채는 우리 초상화의 중요한 특징이잖아. 어느 쪽이 진실이든 윤두서의 자화상이 미완성 작품이 아닌 것만은 확실해. 사라졌다던 귀도 현미경으로 확대해 보면, 양쪽에 붉은 선으로 그린 자국이 보여. 귀 역시 없었던 게 아니었지.

화려한 패션쇼

◆ 살아 있는 왕의 아버지

조선 500년 역사에서 아들은 왕인데 아버지는 왕이 아니었던 경우가 딱 한 번 있었어. 물론 죽지 않고 살아 있는 경우야. 바로 조선 제26대 임금, 고종의 아버지 이하응이지. 낯설지 않을걸? 흥선 대원군이라는 이름으로도 잘 알려졌으니까.

대원군의 둘째 아들 재황은 철종의 뒤를 이어 1864년 12세의 어린 나이로 임금 자리에 올랐어. 그러나 나이가 너무 어려서 아버지 대원군이 10년 동안 섭정을 하게 돼. 이때는 일본과 중국을 비롯한 외국 세력이 밀려 들어와 나라 사정이 매우 어려웠어. 나라를 안정시킬 개혁 정치가 필요할 때였지. 대원군은 양반들의 특권이던 서원을 없앴고, 왕실의 권위를 내세우고자 임진왜란 때 불탔던 경복궁을 다시 지었으며, 바깥으로 외국 세력에 대적하여 쇄

● 척화비
쇄국 정책을 펴면서 전국 곳곳에 세운 비석이야. "서양 오랑캐가 침범하는데 싸우지 않으면 나라를 파는 것이다"라는 내용이 적혔어.

국정책을 폈어. 권력을 한 손에 쥐고 나라를 쥐락펴락한 거야.

◆ 전문 모델은 아닙니다

● **이하응 초상**
이한철과 유숙, 1869년, 비단에 색칠,
130.8×66.2cm, 보물 제1499호
한눈에 봐도 화려한 의상이야. 표범 가죽을 깐 의자에 앉은 모습이 자신감이 넘쳐. 장식으로 두 손에 쥐고 있는 패는 '홀'이라고 해. 귀한 신분임을 나타내는 하얀 상아홀을 들었어. 검소함을 미덕으로 알던 조선 선비들은 이런 화려한 차림의 초상화는 잘 안그렸지.

흥선 대원군은 초상화도 여러 점 남겼어. 임금과 어금버금한 권력을 지닌 사람이니 초상화 역시 어진을 그리듯 정성을 다했겠지. 흥선 대원군 이하응의 초상화는 여덟 점이나 남아 있어. 특이하게도 각각 옷을 다르게 입었지. 마치 모델이 옷을 여러 벌 갈아입으면서 패션쇼를 하듯 초상화를 그렸어. 앞의 그림은 금관조복을 입은 초상화야.

금관조복은 나라에 경사가 있을 때 입는 예복을 말해. 금관을 쓰고 붉은색 적초의를 입는 게 기본이지. 화려함이 돋보이는 옷차림이야. 덕분에 이하응의 초상화 중에서도 단연 눈길을 끌어. 오른쪽 위에 뭐라고 적혀 있는 걸까?

> 내 나이 쉰 살인 1869년 이른 여름에 그렸다.
> 화가는 이한철과 유숙이고 장황은 한홍적이 했다.
> 글씨는 내가 직접 썼다.

당시 최고의 화가로 평가받던 이한철, 유숙의 합작품이야. 이한철은 얼굴, 유숙은 몸을 그렸지. 두 명의 화가가 그리는 건 특별한 경우가 아니면 어진에서나 볼 수 있었지? 흥선 대원군은 임금 못지않은 권력이었으니 당연한 일이지. 솜씨 좋은 화가 두 명이 꾀 많고 깐깐해 보이는 인상을 잘 그려 냈어.

그림 속에 화가 말고도 장황을 한 사람 이름까지 적었어. 장황은 그림을 족자나 병풍으로 만드는 일이야. 흔히 '표구'라고도 하지. 초상화는 그림만 좋다고 다가 아니야. 벽에 걸기 쉽고 보기 좋게 장황까지 마무리해야 했어. 잘된 장황은 초상화의 품위를 높여 주지. 그림만큼이나 중요한 일이야. 그래서 장황을 한 한홍적의 이름까지 적었어. 1869년은 경복궁을 완성한 후 이사를 마친 이듬해야. 왕실의 권위를 보여 주기 위한 초상화야. 가장 위세 당당하던 때의 모습이지.

● **이하응 초상**
이한철과 유숙, 1896년, 비단에 색칠, 131.9×67.7cm, 보물 제1499호
정장관복을 입은 초상화야. 화려한 무늬의 화문석을 깔고 그 위에 발 받침대를 놓았어. 두 발은 '여덟 팔(八)' 자 모양으로 벌렸지. 가슴 흉배의 문양이 매우 독특해.

◆ 소품이 멋있어요

　벼슬아치들이 입는 정장관복 차림도 보여. 여느 벼슬아치들처럼 표범 가죽을 깐 의자에 공수자세로 앉았지. 얼굴은 방금 본 초상화와 똑같은데 옷만 갈아입었어.
　가슴에 붙은 흉배 문양이 특이하지? 벼슬아치라면 보통 학이나 호랑이를 달잖아. 이건 처음 보는 동물인데……, 바로 기린이야. 동물원에 있는 목이 긴 녀석이 아니라 하루에 천리를 달

린다는 옛날 상상의 동물이지. 기린흉배는 임금의 아들인 대군들이 썼대. 흥선 대원군이 임금의 아들은 아니었지만 조선을 통틀어 하나밖에 없는 귀한 신분이잖아. 기린흉배를 달아도 이상할 게 없지. 흉배를 통해 여느 벼슬아치들과 다르다는 걸 과시한 거야.

● **이하응 초상**
이한철과 유숙, 1869년, 비단에 색칠, 133.7×67.7cm, 보물 제1499호
와룡관을 쓰고 학창의를 입은 초상화야. 와룡관은 중국의 제갈공명이 즐겨 썼던 모자라고 해. 학자들이 집안에서 공부할 때 쓰곤 했지. 이 초상화는 탁자 위에 놓인 진귀한 소품들이 인상적이야. 고상한 물건을 모으는 상류 사회의 취미를 반영했어.

이 초상화도 예사롭지는 않아.

와룡관에 학창의를 갖춘 이런 차림은 공부를 많이 한 학자들이 즐겨 입었어. 옛사람들은 높은 벼슬을 과시하려고 정장관복 초상화도 많이 그렸지만 이런 학자풍의 옷차림도 좋아했어. 워낙 학문을 숭상하던 사회였으니까. 요즘 우리가 공부에만 매달리는 것도 이런 풍조가 남아 있기 때문이겠지.

이 초상화의 매력은 온갖 희귀한 물건들이야. 앞에 놓인 탁자 위를 봐. 눈이 휘둥그레지는 물건들을 다 꺼내 놓았잖아. 오른쪽부터 안경, 침을 뱉는 타구, 염주, 용무늬가 새겨진 벼루, 붓, 탁상시계, 도장, 청화백자로 만든 인주함 등이 차례로 놓였어. 오른쪽 작은 탁자 위에는 향로, 왼쪽에는 긴 칼까지 보여. 모두 오래된 골동품이거나 진귀한 물건이야. 당시 상류 사회에서는 자신들의 신분과 고상한 취미를 과시하기 위하여 이런 물건을 모으는 게 유행했거든. 이하응의 초상화에도 이런 흐름이 반영됐지. 새로운 형식의 초상화야.

◆ 61세 환갑을 기념하며

앞서 본 세 점의 초상화는 모두 대원군이 50세가 되던 해 그렸어. 이번에는 10년 뒤인 61세, 환갑이 되던 해 그린 초상화야.

선비들 초상화에서 많이 봤지? 복건을 쓰고 심의를 입은 모습이잖아. 이때 대원군은 권력을 잃고 물러나 있을 때였지. 그래서 화려한 조복이나 관복을 입지 않았어. 이런 차림은 벼슬에서 물러난 사람들이 주로 했거든. 또 의자가 아니라 돗자리에 앉았어. 권력의 자리에서 물러난 처지를 상징적으로 보여 주는 듯해.

얼굴은 50세 초상화에 비해 좀 어두운 색으로 칠했어. 눈가에 주름도 늘었는데 특히 빰과 턱이 만나는 부분에 길고도 짙은 주름이 생겼어. 수염도 더 희끗희끗하잖아.

그림 속에 적힌 글을 볼게. 50세 초상화와 다른 점이 또 있어.

● **이하응 초상**
이한철과 이창옥, 1880년, 비단에 색칠, 113.7×66.2cm, 보물 제1499호
옛날에는 오래 사는 사람이 드물었기에 61세(환갑)만 되어도 축하 잔치를 크게 벌였어. 이건 환갑 기념 초상화야. 이렇게 복건을 쓰고 심의를 입은 채 자리에 앉아 있는 초상화는 조선 후기에 유행했지.

> 내 나이 61세 되던 환갑 때의 모습이다.
> 화가는 이한철과 이창옥, 장황은 한홍적이 했다.
> 1880년 초여름에 쓰다.

화가 중 한명이 유숙에서 이창옥으로 바뀌었어. 세월이 10년이나 더 흐른 뒤라 유숙은 이미 세상을 떠나고 없었거든. 권력과 세월의 무상함을 느낄 수 있는 초상화야.

● **63세의 이하응 사진**
1882년 이하응은 청나라로 끌려갔어. 이 사진은 그해 8월 17일 중국 천진에서 찍은 거야. 그로부터 3년 뒤인 1885년에 다시 조선으로 돌아올 수 있었지.

우린 너무 튀나요?

◆ 삼 형제의 기념사진

한꺼번에 세 명이나 등장했어. 한눈에 보아도 서로 닮았지? 조선 시대 초상화 중 유일한 단체 초상화야. 모두 평양 조씨 가문의 삼 형제야.

● **조씨삼형제 초상**
그린이 모름, 18세기 말, 비단에 색칠, 42×66.5cm, 보물 제1478호
보기 드문 단체 초상화야. 한 눈에 보기에도 형제임을 알아볼 정도로 서로 꼭 빼닮았어. 조선 시대에는 제사를 지내기 위해 초상화를 그린 경우가 많다 보니 이런 단체 초상화는 잘 안 그렸지.

가운데가 맏형 조계, 양옆으로 동생 조두, 조강이 나란히 앉았어. 형은 나이가 좀 많고 동생 둘은 두 살 터울이지.

세 사람 모두 분홍색 시복에 오사모를 썼어. 시복도 벼슬아치들이 일할 때 입는 옷이야. 흉배가 없다는 점이 정장관복과 달라. 초상화를 그린다니까 점잖게 차려 입었는데 표정이나 자세가 좀 딱딱하지? 원래 그렇잖아. 사진 찍을 때도 억지로 웃으려면 오히려 뻣뻣해지니까.

삼 형제 모두 마른 얼굴에 턱이 뾰족해. 눈꼬리도 다 같이 올라갔고 광대뼈도 도드라졌어. 그렇지만 수염은 서로 달라. 가운데 맏형은 숱이 적고 흰색이 많이 섞인 수염이야. 오른쪽 둘째는 희끗희끗한 색깔은 비슷하지만 숱이 무척 많아. 왼쪽 막내는 색깔도 검은데다가 귀밑으로 난 구레나룻이 인상적이야. 닮은 듯하면서도 닮지 않은 게 형제 사이지. 이렇게 모여서 기념사진을 "찰칵!" 한 걸 보니 보통 우애가 아니었나 봐.

◆ 풍속화일까, 초상화일까

참 아리송한 그림이야. 초상화도 아니고 풍속화도 아니거든. 1748년 6월 어느 날, 석친 진일상이 한가롭게 쉬는 모습을 그렸지. 긴 비드나무 가지가 쭉쭉 늘어진 정자에 앉아 쉬는 모습이 매우 편안해 보여. 네 명의 여인들이 시중을 드느라 바쁘게 오락가락 하네. 전일상이 누구냐고?

탕건을 쓰고 정자 위에 올라앉은 사람이 전일상이야. 오른손에 든 매 한 마리가 참 신기하지? 이 인물의 정체를 밝혀 줄 중요한 소품이야. 매는 용맹한 무인을 상징하거든. 저렇게 매와 함께 있는 사람은 틀림없는 무인이지. 기둥

석천한유도

전 김희겸, 1748년, 비단에 색칠, 119.5×82.5cm

조선 후기 무관이었던 전일상을 그린 야외 초상화야. '석천한유'는 석천 전일상이 한가롭게 노닌다는 뜻이야. 주인공 한 명만 달랑 그리는 다른 초상화와는 달리 배경이 가득 매우고 있는 아주 독특한 형식이지. 전일상은 무예가 매우 뛰어났으나 살아 있는 동안 나라에 위급한 일이 없어 오히려 한탄한 사람이래. 자신의 무예를 써먹을 기회가 없으니 그랬다지.

에 걸린 칼도 신분을 나타내는 증거야. 그래. 전일상은 무과에 합격한 무인이야. 과연 무예를 닦은 사람답게 얼굴이 붉고 털이 북슬북슬해. '제비턱에 표범 머리'로 두툼하고 넓은 턱에 굉장히 강한 인상이었대. 게다가 팔 척이나 되는 큰 키에 멋진 수염이 볼만했다는군. 힘도 무척 세어 강한 활을 당기고 말 달리기는 천재적이었다지. 귀신이 나타난다는 곳에도 스스로 나서서 갈 정도로 간 큰 인물이었고 말이야. 그런데 무예만 잘하면 속없어 뵈잖아. 앞에 놓인 벼루, 필통, 책은 글도 꽤 읽었다는 뜻이지.

정자 아래 개울에는 웃통을 벗은 사람이 말을 씻기는 중이야. 평생 전일상을 모신 오평산이라는 하인이래. 생김새가 주인보다 훨씬 우악스러워. 얼룩점 박힌 말은 금방이라도 "히히힝!" 울 듯 생동감이 넘쳐.

이 모든 광경이 초상화라기보다는 오히려 풍속화처럼 보이지? 원래 초상화는 사람만 그리잖아. 화가는 이런 고정관념을 깨고 싶었나 봐. 마치 풍속화를 그리듯 초상화를 그렸어. 그럼, 초상화도 아니고 풍속화도 아니라는 말은 틀렸네. 초상화이면서 풍속화가 정답이야.

그런데 이 사람이 전일상이라는 걸 어떻게 알아보냐고? 전일상은 따로 초상화도 그렸거든. 혈색 좋은 붉고 통통한 얼굴, 휘날리는 구레나룻, 번뜩이는 눈매. 〈석천한유도〉에 나오는 전일상의 얼굴과 정말 똑같지 않니?

● **전일상 초상**
전 김희겸, 18세기 중반, 비단에 색칠, 142.5×90.2cm
좌우 대칭을 이루는 정면상이야. 위엄 있는 무인의 기상을 보여 주기 위하여 정면상으로 그렸지. 불그스레한 얼굴과 손질하지 않은 듯 털털해 보이는 구레나룻이 인상적이야. 가슴에는 호랑이 대신 문관이 쓰는 쌍학흉배를 달았어.

◆ 외국 화가들의 솜씨

외국 화가가 그린 초상화는 이미 몇 점 보았지? 루벤스의 〈한국인 초상〉, 진감여의 〈이제현 초상〉, 휴버트 보스의 〈고종 어진〉 등등. 우리 화가가 그린 초상화와는 달리 참 색다른 느낌을 주었지. 이런 그림도 봐야 우리나라 초상화와 외국 초상화의 차이점을 잘 알게 돼. 외국인이 그린 초상화가 또 있어.

〈전 정곤수 초상〉도 중국 화가의 작품이야. 오른손에 홀을 든 정곤수가 호랑이 가죽이 깔린 의자에 앉은 모습이지. 저런 자세로 홀을 든 모습은 우리나라 초상화에는 없어. 금관조복을 입은 대원군 초상화에도 두 손으로 홀을 받

● 전 정곤수 초상
그린이 모름, 비단에 색칠, 175.6×98.3cm
정장관복 차림으로 의자에 앉은 모습이야. 우리나라 화가가 그린 초상화보다 사모가 더 커 보이지? 양각도 아래로 쳐졌잖아. 가운데 하얀 보석이 박힌 점도 특이해.

● 전 정곤수 초상 X-선 촬영 사진
아래쪽에 하얀 선으로 그린, 치마처럼 갈라진 청나라 옷의 흔적이 보여. 이 위에 덧칠을 해서 정곤수의 옷을 그렸던 거야. 갈라진 깃 사이로 호랑이 얼굴이 살짝 보이는 게 참 재미있어. 원래 〈전 정곤수 초상화〉에는 보이지 않거든.

쳐 들고 있었잖아. 이런 모습부터 중국 초상화의 분위기가 물씬 풍겨.

정곤수는 임진왜란이 일어나지 1592년, 1597년 두 차례나 중국 명나라에 가게 돼. 조선을 도와줄 구원병을 부탁하기 위해서야. 모두들 이때 초상화를 그렸을 거라고 여겼지. 그런데 최근에 X-선으로 촬영한 결과 깜짝 놀랄 일을 발견했어.

맨눈에는 보이지 않던 또 한 명의 사람을 그렸던 흔적이 있는 거야. 머리에는 보석이 박힌 청나라 모자를 썼고 청나라 벼슬아치들이 입던 관복도 입었어. 아래쪽에 흰 선으로 뚜렷하게 나타난 부분이지. 귀신이냐고? 그럴 리 있겠어. 무슨 까닭인지 화가가 원래 있던 초상화 위에 정곤수를 겹쳐 그렸던 거지.

그런데 이상해. 정곤수는 명나라에 갔는데 왜 청나라 옷이 보이는 걸까? 이건 정곤수의 초상화가 아닐 가능성도 있다는 뜻이야. 초상화의 주인공이 확실하지 않으면 이름 앞에 '전(傳)' 자를 붙인다고 했지? 그래서 〈전 정곤수 초상〉이 된 거야.

이번에는 일본인 화가가 그린 초상화를 볼까.

● **조태억 초상**
일본, 가노 쓰네노부, 1711년, 종이에 색칠, 97.4×49.2cm
우리나라와 일본 초상화의 차이점을 여실히 보여 주는 작품이야. 옷의 윤곽을 검고 굵은 선으로 뚜렷하게 그렸어. 굵기가 일정하지 않은 게 우리 초상화와 다른 점이야.

〈조태억 초상〉은 일본 화가 가노 쓰네노부가 그렸어. 1711년 조태억이 조선통신사의 대표로 일본에 갔을 때 그린 초상화야. 가노 쓰네노부도 우리나라 도화서 화원처럼 나랏일을 하던 화가였지.

우리 초상화와 확실히 다른 느낌이지? 일본 화풍이 눈에 두드러지거든. 화면에 비해 인물 크기도 너무 작아. 이렇듯 빈 공간을 많이 두는 게 일본 초상화의 특징이지. 두 손을 드러내놓고 맞잡은 모습도 낯설어. 조선과 일본 초상화의 차이점을 알 수 있는 귀한 작품이야.

가노 쓰네노부는 조선의 옷차림에 대해서도 잘 몰랐어. 오사모의 양각이 우리 초상화에 비해 턱없이 가늘잖아. 흉배도 온몸을 뒤덮을 정도로 지나치게 커. 게다가 왕족을 나타내는 봉황 문양이야. 조태억은 문관이니 쌍학흉배가 맞거든. 화가는 사실적으로 그리기보다는 조태억을 처음 본 느낌을 살려 스케치하듯 간략하게 그렸지.

◆ **화승이 그린 스님 초상화**

사명 대사(사명당 대장)는 스님 장군으로 유명해. 임진왜란 때 승병을 거느리고 왜군에 맞서 싸웠거든. 어찌나 용감했던지 이름만 들어도 왜군들이 벌벌 떨었다고 하지. 1604년, 전쟁이 끝난 뒤에는 일본으로 건너가 강제로 끌려간 포로 3,000명을 데려오기도 했어. 아주 대담무쌍한 사람이있지.

매서운 눈빛과 붉은 입술이 무척 강인한 인상을 줘. 스님이 아니라 용맹한 장수 같잖아. 스님 장군으로 한 일을 생각하면 당연한 모습이지.

그림을 좀 더 자세히 볼게.

174

귀, 코, 눈과 같은 얼굴 모습을 모두 가느다란 선으로 그려 냈어. 그 덕분에 더욱 날카롭고도 단정한 느낌이 들어. 무엇보다 길고 무성한 수염이 인상적이야. 스님들은 수염을 기르지 않거든. 이렇게 긴 수염은 사명 대사의 상징이 되었어. 수염을 자세히 봐. 저렇게 긴 수염을 가는 붓으로 중간에 한 번도 끊어지지 않게 그려 냈어. 붓 놀리는 솜씨가 만만치 않아. 누구 작품이냐고?

● **사명 대사(사명당 대장) 초상**
그린이 모름, 1796년, 삼베에 색칠, 122.9×78.8cm, 보물 제1505호
스님들이 입는 붉은색 법의를 걸치고 의자에 앉은 모습이야. 신발을 벗고 의자에 올라앉았어. 오른손에는 먼지떨이처럼 생긴 불자를 들었는데, 마음속에 번뇌를 털어 낸다는 뜻으로 스님들이 지녔던 물건이지.

스님 초상화는 내개 화승들이 그려. 불교와 관련된 그림만 전문적으로 그리는 스님 화가들 말이야. 스님 초상화는 색칠이나 선 긋는 방법 등이 일반 초상화와 다르거든. 이에 걸맞게 스님 화가들이 그리는 게 옳지.

조선 시대의 스님 초상화는 그리 많지 않아. 불교를 탄압하는 정책으로 절과 스님이 많이 사라졌거든. 그래도 절마다 스님 초상화를 걸어 놓고 예불은 드렸어. 날마다 향불을 피우며 예불을 드리니 스님 초상화는 다른 초상화보다 빨리 훼손되는 경우가 많아. 그렇기 때문에 덧칠을 자주 해서 원래 모습과 다르기도 해.

사명 대사 초상화는 비록 낡았지만 스님 초상화의 진면목을 보여 주는 작품이라고 할 수 있어.

● **최덕지 초상**
그린이 모름, 1635년, 비단에 색칠, 74×53cm, 보물 제594호
최덕지는 조선 초기인 15세기 사람이지만 이 초상화는 17세기에 다시 그린 거야. 가운데 세로로 길게 접힌 흔적이 있지? 두 폭의 비단에 그려 이어 붙여서 그래. 초상화 속 몸은 가냘픈 편이지만 코는 매우 커 보여. 마치 풀이 자란 듯 보이는 눈썹이 인상적이야.

● **최덕지 초상 초본**
그린이 모름, 1635년, 종이에 먹, 118×68.8cm
보통 초본은 상반신만 그리는 경우가 많아. 그런데 〈최덕지 초상〉 초본은 몸 전체 모습을 다 그렸어. 게다가 앞에 놓인 책상까지. 유일하게 정본 초상화와 똑같은 모습을 보여 주는 초본이야.

◆ 초상화는 살아 있다

평범한 옷차림을 한 선비가 단출한 대나무 책상 앞에 앉았어. 그림도 많이 낡아 여기저기 흠집투성이야. 다른 초상화에 비하면 오히려 볼품없어 보여. 그렇지만 애틋한 사연이 깃들어 있지. 사연을 알고 나면 앞으로 초상화를 대하는 태도가 많이 달라질걸.

요즘은 초상화를 박물관에서나 볼 수 있잖아. 원래 우리 초상화는 감상을 위한 그림이 아니라고 했지? 사당에 모셔 두고 제사 지낼 때 필요했으니까. 그러니 다룰 때도 살아 있는 사람 대하듯 정성을 다했어. 난리가 나서 피란 갈 경우에도 먼저 챙겼고 그럴 형편이 안 되면 땅속 깊이 묻어 보관해 두었지. 최덕지의 초상화가 그런 경우야.

1597년, 왜군이 쳐들어 왔던 정유재란 때야. 피란을 떠나던 후손들은 초상화를 항아리 속에 넣고 땅속 깊이 묻었어. 미처 챙겨가지 못할 정도로 상황이 급했거든. 몇 년 후 전쟁이 끝나자 비로소 땅을 파고 다시 초상화를 꺼냈지. 초상화는 다행히 무사했어. 너무 오래 땅속에 묻혀 있어 색깔만 좀 바랬을 뿐이야. 만약 후손들이 초상화를 아무렇게나 팽개치고 피란을 떠났더라면 불타거나 사라져 버려 씻을 수 없는 죄책감에 시달렸겠지.

〈최덕지 초상〉에는 옛사람들이 초상화를 대하던 마음이 숨겨져 있어. 값비싼 보물처럼 지극정성으로 모셨잖아. 초상화는 결코 말없는 그림이 아니야. 인격을 갖춘 살아 있는 사람이나 마찬가지지. 그래서 옛사람들은 초상화 앞에 서면 옷깃부터 여미며 마음가짐을 똑바로 했어. 우리도 실제 초상화를 보면 엄숙한 마음과 함께 저절로 고개 숙여질 거야.

이제 초상화 방은 다 둘러보았어. 그래도 아직 우리가 못 본 초상화가 훨씬 많아. 미술관이나 박물관을 직접 찾아다니며 자주 보는 수밖에. 초상화를 보면 정중하게 인사부터 드리는 것 잊지 마. 왜냐고? 우리 초상화는 살아 있는 사람이니까.

도움받은 책

- 《조선시대 초상화 1》, 국립중앙박물관, 2007
- 《조선시대 초상화 2》, 국립중앙박물관, 2008
- 《조선시대 초상화 3》, 국립중앙박물관, 2009
- 《조선시대 초상화 초본》, 국립중앙박물관, 2007
- 《초상화의 비밀》, 국립중앙박물관, 2011
- 《왕의 초상-경기전과 태조 이성계》, 국립전주박물관, 2005
- 《화폭에 담긴 영혼-초상》, 국립고궁박물관, 2007
- 《운현궁 생활 유물 IX》, 서울역사박물관, 2011
- 《수원 화성 박물관 도록》, 수원화성박물관, 2009
- 《한국의 미 인물화》, 중앙일보사, 1988
- 조선미, 《초상화 연구》, 문예출판사, 2010
- 조선미, 《한국의 초상화》, 돌베개, 2009
- 이태호, 《옛 화가들은 우리 얼굴을 어떻게 그렸나》, 생각의 나무, 2008
- 이성미, 《어진의궤와 미술사》, 소와당, 2012
- 오주석, 《한국의 미 특강》, 솔출판사, 2003

그림으로 찾아보기

강세황 71세 초상
국립중앙박물관 소장
52

강세황 자화상
국립중앙박물관 소장
149

강세황 자화상 초본
국립중앙박물관 소장
152

강현 초상
국립중앙박물관 소장
51

계월향 초상
국립민속박물관 소장
109

고종 어진
국립중앙박물관 소장
95

고종 어진(휴버트 보스 그림)
개인 소장
98

권기수 초상
국립중앙박물관 소장
142

기사사연도
국립중앙박물관 소장
49

김시습 초상
개인 소장
15

남구만 초상
국립중앙박물관 소장
37

닭
서울대박물관 소장
36

미인도
간송미술관 소장
107

민상호 초상
개인 소장
97

박문수 초상
개인 소장
10

복천 오부인 초상
개인 소장
113

봉배귀사도
국립중앙박물관 소장
49

사명 대사 초상
동화사 성보박물관 소장
174

서직수 초상
국립중앙박물관 소장
23

석천한유도
개인 소장
168

세종 대왕 영정
세종대왕유적관리소 소장
145

송시열 초상
국립중앙박물관 소장
59

송시열 초상
개인 소장
61

송시열 초상 초본
국립청주박물관 소장
61

순종 어진 초본
국립현대미술관 소장
99

신숙주 초상
개인 소장
9

신연
어진박물관 소장
84

 신임 초상
국립중앙박물관 소장
46

 심득경 초상
국립중앙박물관 소장
155

 씨름
국립중앙박물관 소장
38

 안향 초상
소수박물관 소장
70

 연못가의 놀이(청금상련)
간송미술관 소장
108

 연잉군 초상
국립고궁박물관 소장
92

 염제신 초상
개인 소장
11

 영조 어진
국립고궁박물관 소장
89

 영통동구도
국립중앙박물관 소장
151

 오명항 초상
개인 소장
29

 오재순 초상
삼성미술관 소장
121

 유언호 초상
서울대학교규장각한국학
연구원 소장
123

 유하백마도
해남 녹우당 소장
154

 윤급 초상
국립중앙박물관 소장
35

 윤두서 자화상
해남 녹우당 소장
153

 윤증 초상
충남역사문화원 소장
64

 윤증 초상 초본
충남역사문화원 소장
65

 이봉상 초상
개인 소장
39

 이색 초상
국립부여박물관 소장
69

 이서구 초상
국립중앙박물관 소장
32

 이순신
영정 현충사 소장
144

 이유 초상
국립중앙박물관 소장
47

 이제현 초상
국립중앙박물관 소장
73

 이창운 초상
개인 소장
42

 이채 초상
국립중앙박물관 소장
19

 이하응 초상(금관조복)
국립중앙박물관 소장
159

 이하응 초상(정장관복)
서울역사박물관 소장
161

 이하응 초상(와룡관학창의)
서울역사박물관 소장
162

 이하응 초상(복건심의)
서울역사박물관 소장
165

 임수륜 초상
국립중앙박물관 소장
131

 임순 초상
국립중앙박물관 소장
133

 임정 초상
국립중앙박물관 소장
129

 장만 초상
경기도박물관 소장
29

전 구인후 초상
국립중앙박물관 소장
28

전 이재 초상
국립중앙박물관 소장
20

전 정곤수 초상
국립중앙박물관 소장
171

전 정곤수 X선사진
국립중앙박물관 소장
171

전일상 초상
개인 소장
170

정몽주 초상
경기도박물관 소장
67

조경 초상
국립중앙박물관 소장
40

조반 부인 초상
국립중앙박물관 소장
114

조반 초상
국립중앙박물관 소장
115

조씨 삼형제
국립민속박물관 소장
166

조태억 초상
국립중앙박물관 소장
172

채제공 영정함
수원화성박물관 소장
12

채제공 초상
수원화성박물관 소장
126

철종 어진
국립고궁박물관 소장
87

초상(임희수 그림)
국립중앙박물관 소장
134

초상
국립중앙박물관 소장
13

최덕지 초상
개인 소장
176

최덕지 초상 초본
개인 소장
177

최연홍 초상
국립중앙박물관 소장
110

최익현 초상
국립중앙박물관 소장
140

태조 어진
경기전 소장
80

한국인 초상
폴게티미술관 소장
25

허목 초상
국립중앙박물관 소장
62

황현 초상
개인 소장
137

― 저작물

《기해기사첩》
국립중앙박물관 소장
45

《칠분전신첩》
국립중앙박물관 소장
128

◆ 기타 사진 자료
서대, 국립민속박물관 소장　　　55
소수서원, 책과함께　　　　　　71
경기전, 책과함께　　　　　　　85
경기전에 봉안된 〈태조 어진〉, 책과함께 85

◆ 국립중앙박물관 소장 도판 사용 허가 번호 [중박 201301-540]

◆ 도서출판 책과함께는 이 책에 실은 도판 자료의 출처와 저작권자를 찾아 허락을 받기 위해 최선을 다했습니다. 개인 소장 도판을 비롯한 일부 도판은 허가를 받지 못했습니다. 저작권자가 확인되는 대로 정식으로 허가를 받고, 절차에 따라 통상의 사용료를 지불하겠습니다. 사진 게재를 도와주신 모든 분들께 감사드립니다.

조선 시대 초상화에 숨은 비밀 찾기

1판 1쇄 2013년 4월 20일
1판 4쇄 2020년 7월 15일

글 | 최석조

펴낸이 | 류종필
편집 | 장이린, 설예지
마케팅 | 김연일, 김유리

펴낸곳 | (주)도서출판 책과함께
주소 | 서울시 마포구 동교로 70 소와소빌딩 2층
전화 | 02-335-1982 팩스 | 02-335-1316
전자우편 | prpub@hanmail.net
블로그 | blog.naver.com/prpub
등록 | 2003년 4월 3일 제25100-2003-392호

이 책의 저작권은 지은이 최석조와 (주)도서출판 책과함께에 있습니다.
이 책의 내용을 이용하려면 저작권자와 출판사에게 모두 서면동의를 받아야 합니다.
잘못된 책은 구입하신 서점에서 바꾸어 드립니다.

이 도서의 국립중앙도서관 출판시 도서목록(CIP)은 서지정보유통지원시스템 홈페이지
(http://seoji.nl.go.kr)와 국가자료종합목록 구축시스템(http://kolis-net.nl.go.kr)에서
이용하실 수 있습니다 (CIP제어번호: CIP2013002702).

ISBN 978-89-97735-19-8 73900